구약 시리즈 ❹

개역개정

본문이 있는

채움 쓰기성경®

민수기

· Chaeum Self Writing Bible ·

| 필 사 자 |

| 시 작 한 날 | 년 월 일

| 마 감 한 날 | 년 월 일

Numbers

AGAPE
[주]아가페출판사

본문이 있는

채움 쓰기성경®

민수기

2025년 12월 15일 1판 4쇄 발행

발행인 곽 성 종
발행처 (주)아가페출판사
등록번호 제21-754호(1995. 4. 12)
주 소 서울시 관악구 남부순환로 2082-33 (남현동)
전 화 (02)584-4669

아가페 출판사

채윤 쓰기성경® 활용법

민수기 1:54–2:9   년   월   일 …… 필사 날짜를 쓰실 수 있습니다.

임하지 않게 할 것이라 레위인은 증거
의 성막에 대한 책임을 지킬지니라 하
셨음이라
절 숫자 …… 54 이스라엘 자손이 그대로 행하되 여호
와께서 모세에게 명령하신 대로 행하
였더라

소제목 …… 진 편성 및 행군 순서

장 숫자 …… **2** 여호와께서 모세와 아론에게 말씀하
여 이르시되
2 이스라엘 자손은 각각 자기의 진영의
군기와 자기의 조상의 가문의 기호 곁
에 진을 치되 회막을 향하여 사방으로
치라
3 동방 해 돋는 쪽에 진 칠 자는 그 진영
별로 유다의 진영의 군기에 속한 자라
유다 자손의 지휘관은 암미나답의 아
들 나손이요
4 그의 군대로 계수된 자가 칠만 사천육
백 명이며
5 그 곁에 진 칠 자는 잇사갈 지파라 잇
사갈 자손의 지휘관은 수알의 아들 느
다넬이요
6 그의 군대로 계수된 자가 오만 사천사
백 명이라
7 그리고 스불론 지파라 스불론 자손의
지휘관은 헬론의 아들 엘리압이요
8 그의 군대로 계수된 자가 오만 칠천사
백 명이니
9 유다 진영에 속한 군대로 계수된 군인
의 총계는 십팔만 육천사백 명이라 그
들은 제일대로 행진할지니라

54 …… 절 숫자 수록

진 편성 및 행군 순서

2 …… 장 숫자 수록

2

3

4

5

6

7 …… 왼쪽 면의 성경 본문을 보면서 절에 맞춰 쓰시면 됩니다.

8

9

채움 쓰기성경® 쓰기표

민수기	1	2	3	4	5	6	7	8	9	10	11	12	13	14	15	16	17	18	19	20	21	22	23	24	25	26	27	28
	29	30	31	32	33	34	35	36																				

일러두기

- 필사를 마친 부분을 색펜이나 형광펜으로 표시하세요.
- 평일에 3장, 주일에 5장이면 성경 전체를 일 년에 완필하실 수 있습니다.
- 하루의 십일조(2.4시간)를 드리면, 일 년에 완필하실 수 있습니다.
- 한 가정에서 가족들이 함께 나누어 필사할 수도 있습니다.

특 징

- 성경 본문의 가독성이 뛰어나 오래 보아도 눈이 피로하지 않습니다.
- 성경 본문이 인쇄되어 있어, 언제 어디서든 필사가 가능합니다.
- 장, 절, 소제목이 인쇄되어 있어, 1:1로 맞추어 필사할 수 있습니다.
- 필사 공간을 넉넉하게 편집하여, 큰 글씨로 써도 편안합니다.
- 180도 잘 펴지는 특수 제본으로 편리하게 쓸 수 있습니다.
- 본문 용지는 필기감이 좋고, 비침이 적으며, 잉크가 번지지 않는 최고급 종이입니다.
- 한국교회가 성경필사로 뿌리내린 것처럼, 말씀을 필사해 자녀에게 믿음의 유산으로 남길 수 있습니다.
- 아가페 쓰기성경® 전용펜을 함께 사용하시면 좋은 필기감으로 깨끗하게 쓸 수 있습니다.

1. 성경은 성령님의 감동으로 이루어진 하나님의 말씀입니다. (딤후 3:16)
2. 성경은 주야로 묵상하여야 할 우리 삶의 지침입니다. (시 1:2)
3. 성경은 우리를 하나님의 사람으로 온전케 하는 진리입니다. (딤후 3:17)
4. 성경은 일점 일획도 변함없이 이루어질 하나님의 약속입니다. (마 5:18)
5. 성경은 사람을 구원에 이르게 하는 지혜의 말씀입니다. (요 20:31; 딤후 3:15)
6. 성경말씀은 성령께서 쓰시는 검(劍)입니다. 영적전투의 공격용 무기입니다. (엡 6:17)
7. 성경말씀의 핵심은 하나님을 사랑하며, 이웃을 사랑하는 것입니다. (마 22:37-40)
8. 매일 시간을 정해 놓고 하며, 기도로 시작하여 기도로 끝냅니다.

하나님은 사람이 아니시니
거짓말을 하지 않으시고 인생이 아니시니
후회가 없으시도다
어찌 그 말씀하신 바를 행하지 않으시며
하신 말씀을 실행하지 않으시랴
내가 축복할 것을 받았으니
그가 주신 복을 내가 돌이키지 않으리라

(민수기 23:19-20)

민수기

Numbers

싸움에 나갈 만한 자를 계수하다

1 이스라엘 자손이 애굽 땅에서 나온
후 둘째 해 둘째 달 첫째 날에 여호
와께서 시내 광야 회막에서 모세에게
말씀하여 이르시되
2 너희는 이스라엘 자손의 모든 회중 각
남자의 수를 그들의 종족과 조상의 가
문에 따라 그 명수대로 계수할지니
3 이스라엘 중 이십 세 이상으로 싸움에
나갈 만한 모든 자를 너와 아론은 그
진영별로 계수하되
4 각 지파의 각 조상의 가문의 우두머리
한 사람씩을 너희와 함께 하게 하라
5 너희와 함께 설 사람들의 이름은 이러
하니 르우벤 지파에서는 스데울의 아
들 엘리술이요
6 시므온 지파에서는 수리삿대의 아들
슬루미엘이요
7 유다 지파에서는 암미나답의 아들 나
손이요
8 잇사갈 지파에서는 수알의 아들 느다
넬이요
9 스불론 지파에서는 헬론의 아들 엘리
압이요
10 요셉의 자손들 중 에브라임 지파에서는
암미훗의 아들 엘리사마요 므낫세 지파
에서는 브다술의 아들 가말리엘이요
11 베냐민 지파에서는 기드오니의 아들
아비단이요

싸움에 나갈 만한 자를 계수하다

1

2

3

4

5

6

7

8

9

10

11

12 단 지파에서는 암미삿대의 아들 아히
에셀이요
13 아셀 지파에서는 오그란의 아들 바기
엘이요
14 갓 지파에서는 드우엘의 아들 엘리아
삽이요
15 납달리 지파에서는 에난의 아들 아히
라이니라 하시니
16 그들은 회중에서 부름을 받은 자요 그
조상 지파의 지휘관으로서 이스라엘
종족들의 우두머리라
17 모세와 아론이 지명된 이 사람들을 데
리고
18 둘째 달 첫째 날에 온 회중을 모으니
그들이 각 종족과 조상의 가문에 따라
이십 세 이상인 남자의 이름을 자기 계
통별로 신고하매
19 여호와께서 모세에게 명령하신 대로
그가 시내 광야에서 그들을 계수하였
더라
20 ●이스라엘의 장자 르우벤의 아들들에
게서 난 자를 그들의 종족과 조상의 가
문에 따라 이십 세 이상으로 싸움에 나
갈 만한 각 남자를 그 명수대로 다 계
수하니
21 르우벤 지파에서 계수된 자는 사만 육
천오백 명이었더라
22 ●시므온의 아들들에게서 난 자를 그
들의 종족과 조상의 가문에 따라 이십
세 이상으로 싸움에 나갈 만한 각 남자
를 그 명수대로 다 계수하니

12

13

14

15

16

17

18

19

20 ●

21

22 ●

23 시므온 지파에서 계수된 자는 오만 구
천삼백 명이었더라
24 ●갓의 아들들에게서 난 자를 그들의
종족과 조상의 가문에 따라 이십 세 이
상으로 싸움에 나갈 만한 자를 그 명수
대로 다 계수하니
25 갓 지파에서 계수된 자는 사만 오천육
백오십 명이었더라
26 ●유다의 아들들에게서 난 자를 그들
의 종족과 조상의 가문에 따라 이십 세
이상으로 싸움에 나갈 만한 자를 그 명
수대로 다 계수하니
27 유다 지파에서 계수된 자는 칠만 사천
육백 명이었더라
28 ●잇사갈의 아들들에게서 난 자를 그
들의 종족과 조상의 가문에 따라 이십
세 이상으로 싸움에 나갈 만한 자를 그
명수대로 다 계수하니
29 잇사갈 지파에서 계수된 자는 오만 사
천사백 명이었더라
30 ●스불론의 아들들에게서 난 자를 그
들의 종족과 조상의 가문에 따라 이십
세 이상으로 싸움에 나갈 만한 자를 그
명수대로 다 계수하니
31 스불론 지파에서 계수된 자는 오만 칠
천사백 명이었더라
32 ●요셉의 아들 에브라임의 아들들에게
서 난 자를 그들의 종족과 조상의 가문
에 따라 이십 세 이상으로 싸움에 나갈
만한 자를 그 명수대로 다 계수하니
33 에브라임 지파에서 계수된 자는 사만

23

24 ●

25

26 ●

27

28 ●

29

30 ●

31

32 ●

33

오백 명이었더라
34 ●므낫세의 아들들에게서 난 자를 그
들의 종족과 조상의 가문에 따라 이십
세 이상으로 싸움에 나갈 만한 자를 그
명수대로 다 계수하니
35 므낫세 지파에서 계수된 자는 삼만 이
천이백 명이었더라
36 ●베냐민의 아들들에게서 난 자를 그
들의 종족과 조상의 가문에 따라 이십
세 이상으로 싸움에 나갈 만한 자를 그
명수대로 다 계수하니
37 베냐민 지파에서 계수된 자는 삼만 오
천사백 명이었더라
38 ●단의 아들들에게서 난 자를 그들의
종족과 조상의 가문에 따라 이십 세 이
상으로 싸움에 나갈 만한 자를 그 명수
대로 다 계수하니
39 단 지파에서 계수된 자는 육만 이천칠
백 명이었더라
40 ●아셀의 아들들에게서 난 자를 그들
의 종족과 조상의 가문에 따라 이십 세
이상으로 싸움에 나갈 만한 자를 그 명
수대로 다 계수하니
41 아셀 지파에서 계수된 자는 사만 천오
백 명이었더라
42 ●납달리의 아들들에게서 난 자를 그
들의 종족과 조상의 가문에 따라 이십
세 이상으로 싸움에 나갈 만한 자를 그
명수대로 다 계수하니
43 납달리 지파에서 계수된 자는 오만 삼
천사백 명이었더라

34 ●
35
36 ●
37
38 ●
39
40 ●
41
42 ●
43

44 ●이 계수함을 받은 자는 모세와 아론
과 각기 이스라엘 조상의 가문을 대표
한 열두 지휘관이 계수하였더라
45 이같이 이스라엘 자손이 그 조상의 가
문을 따라 이십 세 이상으로 싸움에 나
갈 만한 이스라엘 자손이 다 계수되었
으니
46 계수된 자의 총계는 육십만 삼천오백
오십 명이었더라

레위 지파는 계수하지 말라

47 ●그러나 레위인은 그들의 조상의 지
파대로 그 계수에 들지 아니하였으니
48 이는 여호와께서 모세에게 말씀하여
이르시되
49 너는 레위 지파만은 계수하지 말며 그
들을 이스라엘 자손 계수 중에 넣지 말
고
50 그들에게 증거의 성막과 그 모든 기구
와 그 모든 부속품을 관리하게 하라 그
들은 그 성막과 그 모든 기구를 운반하
며 거기서 봉사하며 성막 주위에 진을
칠지며
51 성막을 운반할 때에는 레위인이 그것
을 걷고 성막을 세울 때에는 레위인이
그것을 세울 것이요 외인이 가까이 오
면 죽일지며
52 이스라엘 자손은 막사를 치되 그 진영
별로 각각 그 진영과 군기 곁에 칠 것
이나
53 레위인은 증거의 성막 사방에 진을 쳐
서 이스라엘 자손의 회중에게 진노가

44 ●
45
46
레위 지파는 계수하지 말라
47 ●
48
49
50
51
52
53

임하지 않게 할 것이라 레위인은 증거
의 성막에 대한 책임을 지킬지니라 하
셨음이라
54 이스라엘 자손이 그대로 행하되 여호
와께서 모세에게 명령하신 대로 행하
였더라

진 편성 및 행군 순서

2 여호와께서 모세와 아론에게 말씀하
여 이르시되
2 이스라엘 자손은 각각 자기의 진영의
군기와 자기의 조상의 가문의 기호 곁
에 진을 치되 회막을 향하여 사방으로
치라
3 동방 해 돋는 쪽에 진 칠 자는 그 진영
별로 유다의 진영의 군기에 속한 자라
유다 자손의 지휘관은 암미나답의 아
들 나손이요
4 그의 군대로 계수된 자가 칠만 사천육
백 명이며
5 그 곁에 진 칠 자는 잇사갈 지파라 잇
사갈 자손의 지휘관은 수알의 아들 느
다넬이요
6 그의 군대로 계수된 자가 오만 사천사
백 명이라
7 그리고 스불론 지파라 스불론 자손의
지휘관은 헬론의 아들 엘리압이요
8 그의 군대로 계수된 자가 오만 칠천사
백 명이니
9 유다 진영에 속한 군대로 계수된 군인
의 총계는 십팔만 육천사백 명이라 그
들은 제일대로 행진할지니라

54

진 편성 및 행군 순서

2

2

3

4

5

6

7

8

9

10 ●남쪽에는 르우벤 군대 진영의 군기
가 있을 것이라 르우벤 자손의 지휘관
은 스데울의 아들 엘리술이요
11 그의 군대로 계수된 자가 사만 육천오
백 명이며
12 그 곁에 진 칠 자는 시므온 지파라 시
므온 자손의 지휘관은 수리삿대의 아
들 슬루미엘이요
13 그의 군대로 계수된 자가 오만 구천삼
백 명이며
14 또 갓 지파라 갓 자손의 지휘관은 르우
엘의 아들 엘리아삽이요
15 그의 군대로 계수된 자가 사만 오천육
백오십 명이니
16 르우벤 진영에 속하여 계수된 군인의
총계는 십오만 천사백오십 명이라 그
들은 제이대로 행진할지니라
17 ●그 다음에 회막이 레위인의 진영과
함께 모든 진영의 중앙에 있어 행진하
되 그들의 진 친 순서대로 각 사람은
자기의 위치에서 자기들의 기를 따라
앞으로 행진할지니라
18 ●서쪽에는 에브라임의 군대의 진영의
군기가 있을 것이라 에브라임 자손의
지휘관은 암미훗의 아들 엘리사마요
19 그의 군대로 계수된 자가 사만 오백 명
이며
20 그 곁에는 므낫세 지파가 있을 것이라
므낫세 자손의 지휘관은 브다술의 아
들 가말리엘이요
21 그의 군대로 계수된 자가 삼만 이천이

10 ●

11

12

13

14

15

16

17 ●

18 ●

19

20

21

백 명이며
22 또 베냐민 지파라 베냐민 자손의 지휘
관은 기드오니의 아들 아비단이요
23 그의 군대로 계수된 자가 삼만 오천사
백 명이니
24 에브라임 진영에 속하여 계수된 군인
의 총계는 십만 팔천백 명이라 그들은
제삼대로 행진할지니라
25 ●북쪽에는 단 군대 진영의 군기가 있
을 것이라 단 자손의 지휘관은 암미삿
대의 아들 아히에셀이요
26 그의 군대로 계수된 자가 육만 이천칠
백 명이며
27 그 곁에 진 칠 자는 아셀 지파라 아셀
자손의 지휘관은 오그란의 아들 바기
엘이요
28 그의 군대로 계수된 자가 사만 천오백
명이며
29 또 납달리 지파라 납달리 자손의 지휘
관은 에난의 아들 아히라요
30 그의 군대로 계수된 자가 오만 삼천사
백 명이니
31 단의 진영에 속하여 계수함을 받은 군
인의 총계는 십오만 칠천육백 명이라
그들은 기를 따라 후대로 행진할지니
라 하시니라
32 ●이상은 이스라엘 자손이 그들의 조
상의 가문을 따라 계수된 자니 모든 진
영의 군인 곧 계수된 자의 총계는 육십
만 삼천오백오십 명이며
33 레위인은 이스라엘 자손과 함께 계수

22
23
24
25 ●
26
27
28
29
30
31
32 ●
33

되지 아니하였으니 여호와께서 모세에
게 명령하심과 같았느니라
34 이스라엘 자손이 여호와께서 모세에게
명령하신 대로 다 준행하여 각기 종족
과 조상의 가문에 따르며 자기들의 기
를 따라 진 치기도 하며 행진하기도 하
였더라

아론의 아들들

3 여호와께서 시내 산에서 모세와 말
씀하실 때에 아론과 모세가 낳은 자
는 이러하니라
2 아론의 아들들의 이름은 이러하니 장
자는 나답이요 다음은 아비후와 엘르
아살과 이다말이니
3 이는 아론의 아들들의 이름이며 그들
은 기름 부음을 받고 거룩하게 구별되
어 제사장 직분을 위임 받은 제사장들
이라
4 나답과 아비후는 시내 광야에서 여호
와 앞에 다른 불을 드리다가 여호와 앞
에서 죽어 자식이 없었으며 엘르아살
과 이다말이 그의 아버지 아론 앞에서
제사장의 직분을 행하였더라

제사장을 돕는 레위 사람

5 ●여호와께서 또 모세에게 말씀하여
이르시되
6 레위 지파는 나아가 제사장 아론 앞에
서서 그에게 시종하게 하라
7 그들이 회막 앞에서 아론의 직무와 온
회중의 직무를 위하여 회막에서 시무
하되

34

아론의 아들들

3

2

3

4

제사장을 돕는 레위 사람

5 ●

6

7

8 곧 회막의 모든 기구를 맡아 지키며 이
스라엘 자손의 직무를 위하여 성막에
서 시무할지니
9 너는 레위인을 아론과 그의 아들들에
게 맡기라 그들은 이스라엘 자손 중에
서 아론에게 온전히 맡겨진 자들이니
라
10 너는 아론과 그의 아들들을 세워 제사
장 직무를 행하게 하라 외인이 가까이
하면 죽임을 당할 것이니라
11 ●여호와께서 모세에게 말씀하여 이르
시되
12 보라 내가 이스라엘 자손 중에서 레위
인을 택하여 이스라엘 자손 중에 태를
열어 태어난 모든 맏이를 대신하게 하
였은즉 레위인은 내 것이라
13 처음 태어난 자는 다 내 것임은 내가
애굽 땅에서 그 처음 태어난 자를 다
죽이던 날에 이스라엘의 처음 태어난
자는 사람이나 짐승을 다 거룩하게 구
별하였음이니 그들은 내 것이 될 것임
이니라 나는 여호와이니라

레위 자손 인구 조사

14 ●여호와께서 시내 광야에서 모세에게
말씀하여 이르시되
15 레위 자손을 그들의 조상의 가문과 종
족을 따라 계수하되 일 개월 이상된 남
자를 다 계수하라
16 모세가 여호와의 말씀을 따라 그 명령
하신 대로 계수하니라
17 레위의 아들들의 이름은 이러하니 게

8

9

10

11 ●

12

13

레위 자손 인구 조사

14 ●

15

16

17

르손과 고핫과 므라리요
18 게르손의 아들들의 이름은 그들의 종
족대로 이러하니 립니와 시므이요
19 고핫의 아들들은 그들의 종족대로 이
러하니 아므람과 이스할과 헤브론과
웃시엘이요
20 므라리의 아들들은 그들의 종족대로
말리와 무시이니 이는 그의 종족대로
된 레위인의 조상의 가문들이니라
21 ●게르손에게서는 립니 종족과 시므이
종족이 났으니 이들이 곧 게르손의 조
상의 가문들이라
22 계수된 자 곧 일 개월 이상 된 남자의
수효 합계는 칠천오백 명이며
23 게르손 종족들은 성막 뒤 곧 서쪽에 진
을 칠 것이요
24 라엘의 아들 엘리아삽은 게르손 사람
의 조상의 가문의 지휘관이 될 것이며
25 게르손 자손이 회막에서 맡을 일은 성
막과 장막과 그 덮개와 회막 휘장 문과
26 뜰의 휘장과 및 성막과 제단 사방에 있
는 뜰의 휘장 문과 그 모든 것에 쓰는
줄들이니라
27 ●고핫에게서는 아므람 종족과 이스할
종족과 헤브론 종족과 웃시엘 종족이
났으니 이들은 곧 고핫 종족들이라
28 계수된 자로서 출생 후 일 개월 이상
된 남자는 모두 팔천육백 명인데 성소
를 맡을 것이며
29 고핫 자손의 종족들은 성막 남쪽에 진
을 칠 것이요

18

19

20

21 ●

22

23

24

25

26

27 ●

28

29

30 웃시엘의 아들 엘리사반은 고핫 사람
의 종족과 조상의 가문의 지휘관이 될
것이며
31 그들이 맡을 것은 증거궤와 상과 등잔
대와 제단들과 성소에서 봉사하는 데
쓰는 기구들과 휘장과 그것에 쓰는 모
든 것이며
32 제사장 아론의 아들 엘르아살은 레위
인의 지휘관들의 어른이 되고 또 성소
를 맡을 자를 통할할 것이니라
33 ●므라리에게서는 말리 종족과 무시
종족이 났으니 이들은 곧 므라리 종족
들이라
34 그 계수된 자 곧 일 개월 이상 된 남자
는 모두 육천이백 명이며
35 아비하일의 아들 수리엘은 므라리 종
족과 조상의 가문의 지휘관이 될 것이
요 이 종족은 성막 북쪽에 진을 칠 것
이며
36 므라리 자손이 맡을 것은 성막의 널판
과 그 띠와 그 기둥과 그 받침과 그 모
든 기구와 그것에 쓰는 모든 것이며
37 뜰 사방 기둥과 그 받침과 그 말뚝과
그 줄들이니라
38 ●성막 앞 동쪽 곧 회막 앞 해 돋는 쪽
에는 모세와 아론과 아론의 아들들이
진을 치고 이스라엘 자손의 직무를 위
하여 성소의 직무를 수행할 것이며 외
인이 가까이 하면 죽일지니라
39 모세와 아론이 여호와의 명령을 따라
레위인을 각 종족대로 계수한즉 일 개

30

31

32

33 ●

34

35

36

37

38 ●

39

월 이상 된 남자는 모두 이만 이천 명
이었더라

레위 사람이 맏아들 구실을 하다

40 ● 여호와께서 또 모세에게 이르시되
이스라엘 자손의 처음 태어난 남자를
일 개월 이상으로 다 계수하여 그 명수
를 기록하라
41 나는 여호와라 이스라엘 자손 중 모든
처음 태어난 자 대신에 레위인을 내게
돌리고 또 이스라엘 자손의 가축 중 모
든 처음 태어난 것 대신에 레위인의 가
축을 내게 돌리라
42 모세가 여호와께서 자기에게 명령하신
대로 이스라엘 자손 중 모든 처음 태어
난 자를 계수하니
43 일 개월 이상으로 계수된 처음 태어난
남자의 총계는 이만 이천이백칠십삼
명이었더라
44 ● 여호와께서 모세에게 말씀하여 이르
시되
45 이스라엘 자손 중 모든 처음 태어난 자
대신에 레위인을 취하고 또 그들의 가
축 대신에 레위인의 가축을 취하라 레
위인은 내 것이라 나는 여호와니라
46 이스라엘 자손의 처음 태어난 자가 레
위인보다 이백칠십삼 명이 더 많은즉
속전으로
47 한 사람에 다섯 세겔씩 받되 성소의 세
겔로 받으라 한 세겔은 이십 게라니라
48 그 더한 자의 속전을 아론과 그의 아들
들에게 줄 것이니라

레위 사람이 맏아들 구실을 하다

40 ●

41

42

43

44 ●

45

46

47

48

49 모세가 레위인으로 대속한 이외의 사
람에게서 속전을 받았으니
50 곧 이스라엘 자손의 처음 태어난 자에
게서 받은 돈이 성소의 세겔로 천삼백
육십오 세겔이라
51 모세가 이 속전을 여호와의 말씀대로
아론과 그의 아들들에게 주었으니 여
호와께서 모세에게 명령하심과 같았느
니라

고핫 자손의 임무

4 또 여호와께서 모세와 아론에게 말
씀하여 이르시되
2 레위 자손 중에서 고핫 자손을 그들의
종족과 조상의 가문에 따라 집계할지니
3 곧 삼십 세 이상으로 오십 세까지 회막
의 일을 하기 위하여 그 역사에 참가할
만한 모든 자를 계수하라
4 고핫 자손이 회막 안의 지성물에 대하
여 할 일은 이러하니라
5 진영이 전진할 때에 아론과 그의 아들
들이 들어가서 칸 막는 휘장을 걷어 증
거궤를 덮고
6 그 위를 해달의 가죽으로 덮고 그 위에
순청색 보자기를 덮은 후에 그 채를 꿰
고
7 진설병의 상에 청색 보자기를 펴고 대
접들과 숟가락들과 주발들과 붓는 잔
들을 그 위에 두고 또 항상 진설하는
떡을 그 위에 두고
8 홍색 보자기를 그 위에 펴고 그것을 해
달의 가죽 덮개로 덮은 후에 그 채를

49

50

51

고핫 자손의 임무

4

2

3

4

5

6

7

8

꿰고
9 청색 보자기를 취하여 등잔대와 등잔
들과 불 집게들과 불똥 그릇들과 그 쓰
는 바 모든 기름 그릇을 덮고
10 등잔대와 그 모든 기구를 해달의 가죽
덮개 안에 넣어 메는 틀 위에 두고
11 금제단 위에 청색 보자기를 펴고 해달
의 가죽 덮개로 덮고 그 채를 꿰고
12 성소에서 봉사하는 데에 쓰는 모든 기
구를 취하여 청색 보자기에 싸서 해달
의 가죽 덮개로 덮어 메는 틀 위에 두
고
13 제단의 재를 버리고 그 제단 위에 자색
보자기를 펴고
14 봉사하는 데에 쓰는 모든 기구 곧 불
옮기는 그릇들과 고기 갈고리들과 부
삽들과 대야들과 제단의 모든 기구를
두고 해달의 가죽 덮개를 그 위에 덮고
그 채를 꿸 것이며
15 진영을 떠날 때에 아론과 그의 아들들
이 성소와 성소의 모든 기구 덮는 일을
마치거든 고핫 자손들이 와서 멜 것이
니라 그러나 성물은 만지지 말라 그들
이 죽으리라 회막 물건 중에서 이것들
은 고핫 자손이 멜 것이며
16 제사장 아론의 아들 엘르아살이 맡을
것은 등유와 태우는 향과 항상 드리는
소제물과 관유이며 또 장막 전체와 그
중에 있는 모든 것과 성소와 그 모든
기구니라
17 ● 여호와께서 또 모세와 아론에게 말

9

10

11

12

13

14

15

16

17 ●

씀하여 이르시되
18 너희는 고핫 족속의 지파를 레위인 중
에서 끊어지게 하지 말지니
19 그들이 지성물에 접근할 때에 그들의
생명을 보존하고 죽지 않게 하기 위하
여 이같이 하라 아론과 그의 아들들이
들어가서 각 사람에게 그가 할 일과 그
가 멜 것을 지휘하게 할지니라
20 그들은 잠시라도 들어가서 성소를 보
지 말라 그들이 죽으리라

게르손 자손의 임무

21 ●여호와께서 또 모세에게 말씀하여
이르시되
22 게르손 자손도 그 조상의 가문과 종족
에 따라 계수하되
23 삼십 세 이상으로 오십 세까지 회막에
서 복무하고 봉사할 모든 자를 계수하
라
24 게르손 종족의 할 일과 멜 것은 이러하
니
25 곧 그들이 성막의 휘장들과 회막과 그
덮개와 그 위의 해달의 가죽 덮개와 회
막 휘장 문을 메며
26 뜰의 휘장과 성막과 제단 사방에 있는
뜰의 휘장 문과 그 줄들과 그것에 사용
하는 모든 기구를 메며 이 모든 것을
이렇게 맡아 처리할 것이라
27 게르손 자손은 그들의 모든 일 곧 멜
것과 처리할 것을 아론과 그의 아들들
의 명령대로 할 것이니 너희는 그들이
멜 짐을 그들에게 맡길 것이니라

18

19

20

게르손 자손의 임무

21 ●

22

23

24

25

26

27

28 게르손 자손의 종족들이 회막에서 할
일은 이러하며 그들의 직무는 제사장
아론의 아들 이다말이 감독할지니라

므라리 자손의 임무

29 ●너는 므라리 자손도 그 조상의 가문
과 종족에 따라 계수하되
30 삼십 세부터 오십 세까지 회막에서 복
무하고 봉사할 모든 자를 계수하라
31 그들이 직무를 따라 회막에서 할 모든
일 곧 그 멜 것은 이러하니 곧 장막의
널판들과 그 띠들과 그 기둥들과 그 받
침들과
32 뜰 둘레의 기둥들과 그 받침들과 그 말
뚝들과 그 줄들과 그 모든 기구들과 그
것에 쓰는 모든 것이라 너희는 그들이
맡아 멜 모든 기구의 품목을 지정하라
33 이는 제사장 아론의 아들 이다말의 수
하에 있을 므라리 자손의 종족들이 그
모든 직무대로 회막에서 행할 일이니라

레위 사람 인구 조사

34 ●모세와 아론과 회중의 지도자들이
고핫 자손들을 그 종족과 조상의 가문
에 따라 계수하니
35 삼십 세부터 오십 세까지 회막에서 복
무하고 봉사할 모든 자
36 곧 그 종족대로 계수된 자가 이천칠백
오십 명이니
37 이는 모세와 아론이 여호와께서 모세
에게 명령하신 대로 회막에서 종사하
는 고핫인의 모든 종족 중 계수된 자이
니라

28

므라리 자손의 임무

29 ●

30

31

32

33

레위 사람 인구 조사

34 ●

35

36

37

38 ●게르손 자손 중 그 종족과 조상의 가
문을 따라 계수된 자는
39 삼십 세부터 오십 세까지 회막 봉사에
참여하여 일할 만한 모든 자라
40 그 종족과 조상의 가문을 따라 계수된
자는 이천육백삼십 명이니
41 이는 모세와 아론이 여호와의 명령대
로 회막에서 종사하는 게르손 자손의
모든 종족 중 계수된 자니라
42 ●므라리 자손의 종족 중 그 종족과 조
상의 가문을 따라 계수된 자는
43 삼십 세부터 오십 세까지 회막에서 복
무하고 봉사할 모든 자라
44 그 종족을 따라 계수된 자는 삼천이백
명이니
45 이는 모세와 아론이 여호와께서 모세
에게 명령하신 대로 므라리 자손들의
종족 중 계수된 자니라
46 ●모세와 아론과 이스라엘 지휘관들이
레위인을 그 종족과 조상의 가문에 따
라 다 계수하니
47 삼십 세부터 오십 세까지 회막 봉사와
메는 일에 참여하여 일할 만한 모든 자
48 곧 그 계수된 자는 팔천오백팔십 명이라
49 그들이 할 일과 짐을 메는 일을 따라
모세에게 계수되었으되 여호와께서 모
세에게 명령하신 대로 그들이 계수되
었더라

부정한 사람의 처리

5 여호와께서 모세에게 말씀하여 이르
시되

38 ●
39
40
41
42 ●
43
44
45
46 ●
47
48
49

부정한 사람의 처리

5

2 이스라엘 자손에게 명령하여 모든 나
병 환자와 유출증이 있는 자와 주검으
로 부정하게 된 자를 다 진영 밖으로
내보내되
3 남녀를 막론하고 다 진영 밖으로 내보
내어 그들이 진영을 더럽히게 하지 말
라 내가 그 진영 가운데에 거하느니라
하시매
4 이스라엘 자손이 그같이 행하여 그들
을 진영 밖으로 내보냈으니 곧 여호와
께서 모세에게 이르신 대로 이스라엘
자손이 행하였더라

죄에 대한 값

5 ●여호와께서 모세에게 말씀하여 이르
시되
6 이스라엘 자손에게 이르라 남자나 여
자나 사람들이 범하는 죄를 범하여 여
호와께 거역함으로 죄를 지으면
7 그 지은 죄를 자복하고 그 죄 값을 온
전히 갚되 오분의 일을 더하여 그가 죄
를 지었던 그 사람에게 돌려줄 것이요
8 만일 죄 값을 받을 만한 친척이 없으면
그 죄 값을 여호와께 드려 제사장에게
로 돌릴 것이니 이는 그를 위하여 속죄
할 속죄의 숫양과 함께 돌릴 것이니라
9 이스라엘 자손이 거제로 제사장에게
가져오는 모든 성물은 그의 것이 될 것
이라
10 각 사람이 구별한 물건은 그의 것이 되
나니 누구든지 제사장에게 주는 것은
그의 것이 되느니라

2

3

4

죄에 대한 값

5 ●

6

7

8

9

10

아내의 간통을 밝히는 절차

11 ●여호와께서 모세에게 말씀하여 이르
시되
12 이스라엘 자손에게 말하여 그들에게
이르라 만일 어떤 사람의 아내가 탈선
하여 남편에게 신의를 저버렸고
13 한 남자가 그 여자와 동침하였으나 그
의 남편의 눈에 숨겨 드러나지 아니하
였고 그 여자의 더러워진 일에 증인도
없고 그가 잡히지도 아니하였어도
14 그 남편이 의심이 생겨 그 아내를 의심
하였는데 그의 아내가 더럽혀졌거나
또는 그 남편이 의심이 생겨 그 아내를
의심하였으나 그 아내가 더럽혀지지
아니하였든지
15 그의 아내를 데리고 제사장에게로 가
서 그를 위하여 보리 가루 십분의 일
에바를 헌물로 드리되 그것에 기름도
붓지 말고 유향도 두지 말라 이는 의심
의 소제요 죄악을 기억나게 하는 기억
의 소제라
16 ●제사장은 그 여인을 가까이 오게 하
여 여호와 앞에 세우고
17 토기에 거룩한 물을 담고 성막 바닥의
티끌을 취하여 물에 넣고
18 여인을 여호와 앞에 세우고 그의 머리
를 풀게 하고 기억나게 하는 소제물 곧
의심의 소제물을 그의 두 손에 두고 제
사장은 저주가 되게 할 쓴 물을 자기
손에 들고
19 여인에게 맹세하게 하여 그에게 이르

아내의 간통을 밝히는 절차

11 ●

12

13

14

15

16 ●

17

18

19

기를 네가 네 남편을 두고 탈선하여 다
른 남자와 동침하여 더럽힌 일이 없으
면 저주가 되게 하는 이 쓴 물의 해독
을 면하리라
20 그러나 네가 네 남편을 두고 탈선하여
몸을 더럽혀서 네 남편 아닌 사람과 동
침하였으면
21 (제사장이 그 여인에게 저주의 맹세를
하게 하고 그 여인에게 말할지니라) 여
호와께서 네 넓적다리가 마르고 네 배
가 부어서 네가 네 백성 중에 저줏거
리, 맹셋거리가 되게 하실지라
22 이 저주가 되게 하는 이 물이 네 창자
에 들어가서 네 배를 붓게 하고 네 넓
적다리를 마르게 하리라 할 것이요 여
인은 아멘 아멘 할지니라
23 ●제사장이 저주의 말을 두루마리에
써서 그 글자를 그 쓴 물에 빨아 넣고
24 여인에게 그 저주가 되게 하는 쓴 물을
마시게 할지니 그 저주가 되게 하는 물
이 그의 속에 들어 가서 쓰리라
25 제사장이 먼저 그 여인의 손에서 의심
의 소제물을 취하여 그 소제물을 여호
와 앞에 흔들고 제단으로 가지고 가서
26 제사장은 그 소제물 중에서 한 움큼을
취하여 그 여자에게 기억나게 하는 소
제물로 제단 위에 불사르고 그 후에 여
인에게 그 물을 마시게 할지라
27 그 물을 마시게 한 후에 만일 여인이
몸을 더럽혀서 그 남편에게 범죄하였
으면 그 저주가 되게 하는 물이 그의

20

21

22

23 ●

24

25

26

27

속에 들어가서 쓰게 되어 그의 배가 부
으며 그의 넓적다리가 마르리니 그 여
인이 그 백성 중에서 저줏거리가 될 것
이니라
28 그러나 여인이 더럽힌 일이 없고 정결
하면 해를 받지 않고 임신하리라
29 ●이는 의심의 법이니 아내가 그의 남
편을 두고 탈선하여 더럽힌 때나
30 또는 그 남편이 의심이 생겨서 자기의
아내를 의심할 때에 여인을 여호와 앞
에 두고 제사장이 이 법대로 행할 것이
라
31 남편은 무죄할 것이요 여인은 죄가 있
으면 당하리라

나실인의 법

6 여호와께서 모세에게 말씀하여 이르
시되
2 이스라엘 자손에게 전하여 그들에게
이르라 남자나 여자가 특별한 서원 곧
나실인의 서원을 하고 자기 몸을 구별
하여 여호와께 드리려고 하면
3 포도주와 독주를 멀리하며 포도주로
된 초나 독주로 된 초를 마시지 말며
포도즙도 마시지 말며 생포도나 건포
도도 먹지 말지니
4 자기 몸을 구별하는 모든 날 동안에는
포도나무 소산은 씨나 껍질이라도 먹
지 말지며
5 그 서원을 하고 구별하는 모든 날 동안
은 삭도를 절대로 그의 머리에 대지 말
것이라 자기 몸을 구별하여 여호와께

28
29 ●
30
31
나실인의 법
6
2
3
4
5

드리는 날이 차기까지 그는 거룩한즉
그의 머리털을 길게 자라게 할 것이며
6 자기의 몸을 구별하여 여호와께 드리
는 모든 날 동안은 시체를 가까이 하지
말 것이요
7 그의 부모 형제 자매가 죽은 때에라도
그로 말미암아 몸을 더럽히지 말 것이
니 이는 자기의 몸을 구별하여 하나님
께 드리는 표가 그의 머리에 있음이라
8 자기의 몸을 구별하는 모든 날 동안 그
는 여호와께 거룩한 자니라
9 누가 갑자기 그 곁에서 죽어서 스스로
구별한 자의 머리를 더럽히면 그의 몸
을 정결하게 하는 날에 머리를 밀 것이
니 곧 일곱째 날에 밀 것이며
10 여덟째 날에 산비둘기 두 마리나 집비
둘기 새끼 두 마리를 가지고 회막 문에
와서 제사장에게 줄 것이요
11 제사장은 그 하나를 속죄제물로, 하나
를 번제물로 드려서 그의 시체로 말미
암아 얻은 죄를 속하고 또 그는 그 날
에 그의 머리를 성결하게 할 것이며
12 자기 몸을 구별하여 여호와께 드릴 날
을 새로 정하고 일 년 된 숫양을 가져
다가 속건제물로 드릴지니라 자기의
몸을 구별한 때에 그의 몸을 더럽혔은
즉 지나간 기간은 무효니라
13 ●나실인의 법은 이러하니라 자기의
몸을 구별한 날이 차면 그 사람을 회막
문으로 데리고 갈 것이요
14 그는 여호와께 헌물을 드리되 번제물

로 일 년 된 흠 없는 숫양 한 마리와 속
죄제물로 일 년 된 흠 없는 어린 암양
한 마리와 화목제물로 흠 없는 숫양 한
마리와
15 무교병 한 광주리와 고운 가루에 기름
섞은 과자들과 기름 바른 무교전병들
과 그 소제물과 전제물을 드릴 것이요
16 제사장은 그것들을 여호와 앞에 가져
다가 속죄제와 번제를 드리고
17 화목제물로 숫양에 무교병 한 광주리
를 아울러 여호와께 드리고 그 소제와
전제를 드릴 것이요
18 자기의 몸을 구별한 나실인은 회막 문
에서 자기의 머리털을 밀고 그것을 화
목제물 밑에 있는 불에 둘지며
19 자기의 몸을 구별한 나실인이 그의 머
리 털을 민 후에 제사장이 삶은 숫양의
어깨와 광주리 가운데 무교병 하나와
무교전병 하나를 취하여 나실인의 두
손에 두고
20 여호와 앞에 요제로 흔들 것이며 그것
과 흔든 가슴과 받들어올린 넓적다리
는 성물이라 다 제사장에게 돌릴 것이
니라 그 후에는 나실인이 포도주를 마
실 수 있느니라
21 ●이는 곧 서원한 나실인이 자기의 몸
을 구별한 일로 말미암아 여호와께 헌
물을 드림과 행할 법이며 이외에도 힘
이 미치는 대로 하려니와 그가 서원한
대로 자기의 몸을 구별하는 법을 따라
할 것이니라

15

16

17

18

19

20

21 ●

제사장의 축복

22 ●여호와께서 모세에게 말씀하여 이르
시되
23 아론과 그의 아들들에게 말하여 이르
기를 너희는 이스라엘 자손을 위하여
이렇게 축복하여 이르되
24 여호와는 네게 복을 주시고 너를 지키
시기를 원하며
25 여호와는 그의 얼굴을 네게 비추사 은
혜 베푸시기를 원하며
26 여호와는 그 얼굴을 네게로 향하여 드
사 평강 주시기를 원하노라 할지니라
하라
27 ●그들은 이같이 내 이름으로 이스라
엘 자손에게 축복할지니 내가 그들에
게 복을 주리라

감독된 자들이 드린 헌물

7 모세가 장막 세우기를 끝내고 그것
에 기름을 발라 거룩히 구별하고 또
그 모든 기구와 제단과 그 모든 기물에
기름을 발라 거룩히 구별한 날에
2 이스라엘 지휘관들 곧 그들의 조상의
가문의 우두머리들이요 그 지파의 지
휘관으로서 그 계수함을 받은 자의 감
독된 자들이 헌물을 드렸으니
3 그들이 여호와께 드린 헌물은 덮개 있
는 수레 여섯 대와 소 열두 마리이니
지휘관 두 사람에 수레가 하나씩이요
지휘관 한 사람에 소가 한 마리씩이라
그것들을 장막 앞에 드린지라
4 여호와께서 모세에게 말씀하여 이르

제사장의 축복

22 ●

23

24

25

26

27 ●

감독된 자들이 드린 헌물

7

2

3

4

시되
5 그것을 그들에게서 받아 레위인에게
주어 각기 직임대로 회막 봉사에 쓰게
할지니라
6 모세가 수레와 소를 받아 레위인에게
주었으니
7 곧 게르손 자손들에게는 그들의 직임
대로 수레 둘과 소 네 마리를 주었고
8 므라리 자손들에게는 그들의 직임대로
수레 넷과 소 여덟 마리를 주고 제사장
아론의 아들 이다말에게 감독하게 하
였으나
9 고핫 자손에게는 주지 아니하였으니
그들의 성소의 직임은 그 어깨로 메는
일을 하는 까닭이었더라
10 제단에 기름을 바르던 날에 지휘관들
이 제단의 봉헌을 위하여 헌물을 가져
다가 그 헌물을 제단 앞에 드리니라
11 여호와께서 모세에게 이르시기를 지휘
관들은 하루 한 사람씩 제단의 봉헌물
을 드릴지니라 하셨더라
12 ●첫째 날에 헌물을 드린 자는 유다 지
파 암미나답의 아들 나손이라
13 그의 헌물은 성소의 세겔로 백삼십 세
겔 무게의 은반 하나와 칠십 세겔 무게
의 은 바리 하나라 이 두 그릇에는 소
제물로 기름 섞은 고운 가루를 채웠고
14 또 열 세겔 무게의 금 그릇 하나라 그
것에는 향을 채웠고
15 또 번제물로 수송아지 한 마리와 숫양
한 마리와 일 년 된 어린 숫양 한 마리

5

6

7

8

9

10

11

12 ●

13

14

15

이며
16 속죄제물로 숫염소 한 마리이며
17 화목제물로 소 두 마리와 숫양 다섯 마
리와 숫염소 다섯 마리와 일 년 된 어
린 숫양 다섯 마리라 이는 암미나답의
아들 나손의 헌물이었더라
18 ●둘째 날에는 잇사갈의 지휘관 수알
의 아들 느다넬이 헌물을 드렸으니
19 그가 드린 헌물도 성소의 세겔로 백삼
십 세겔 무게의 은반 하나와 칠십 세겔
무게의 은 바리 하나라 이 두 그릇에는
소제물로 기름 섞은 고운 가루를 채웠
고
20 또 열 세겔 무게의 금 그릇 하나라 그
것에는 향을 채웠고
21 또 번제물로 수송아지 한 마리와 숫양
한 마리와 일 년 된 어린 숫양 한 마리
이며
22 속죄제물로 숫염소 한 마리이며
23 화목제물로 소 두 마리와 숫양 다섯 마
리와 숫염소 다섯 마리와 일 년 된 어
린 숫양 다섯 마리라 이는 수알의 아들
느다넬의 헌물이었더라
24 ●셋째 날에는 스불론 자손의 지휘관
헬론의 아들 엘리압이 헌물을 드렸으니
25 그의 헌물도 성소의 세겔로 백삼십 세
겔 무게의 은반 하나와 칠십 세겔 무게
의 은 바리 하나라 이 두 그릇에는 소
제물로 기름 섞은 고운 가루를 채웠고
26 또 열 세겔 무게의 금 그릇 하나라 이
것에는 향을 채웠고

16
17
18 ●
19
20
21
22
23
24 ●
25
26

27 또 번제물로 수송아지 한 마리와 숫양
한 마리와 일 년 된 어린 숫양 한 마리
이며
28 속죄제물로 숫염소 한 마리이며
29 화목제물로 소 두 마리와 숫양 다섯 마
리와 숫염소 다섯 마리와 일 년 된 어
린 숫양 다섯 마리라 이는 헬론의 아들
엘리압의 헌물이었더라
30 ●넷째 날에는 르우벤 자손의 지휘관
스데울의 아들 엘리술이 헌물을 드렸
으니
31 그의 헌물도 성소의 세겔로 백삼십 세
겔 무게의 은 쟁반 하나와 칠십 세겔
무게의 은 바리 하나라 이 두 그릇에는
소제물로 기름 섞은 고운 가루를 채웠
고
32 또 열 세겔 무게의 금 그릇 하나라 이
것에는 향을 채웠고
33 또 번제물로 수송아지 한 마리와 숫양
한 마리와 일 년 된 어린 숫양 한 마리
이며
34 속죄제물로 숫염소 한 마리이며
35 화목제물로 소 두 마리와 숫양 다섯 마
리와 숫염소 다섯 마리와 일 년 된 어
린 숫양 다섯 마리라 이는 스데울의 아
들 엘리술의 헌물이었더라
36 ●다섯째 날에는 시므온 자손의 지휘
관 수리삿대의 아들 슬루미엘이 헌물
을 드렸으니
37 그 헌물도 성소의 세겔로 백삼십 세겔
무게의 은 쟁반 하나와 칠십 세겔 무게

27
28
29
30 ●
31
32
33
34
35
36 ●
37

의 은 바리 하나라 이 두 그릇에는 소
제물로 기름 섞은 고운 가루를 채웠고
38 또 열 세겔 무게의 금 그릇 하나라 이
것에는 향을 채웠고
39 또 번제물로 수송아지 한 마리와 숫양
한 마리와 일 년 된 어린 숫양 한 마리
이며
40 속죄제물로 숫염소 한 마리이며
41 화목제물로 소 두 마리와 숫양 다섯 마
리와 숫염소 다섯 마리와 일 년 된 어
린 숫양 다섯 마리라 이는 수리삿대의
아들 슬루미엘의 헌물이었더라
42 ● 여섯째 날에는 갓 자손의 지휘관 드
우엘의 아들 엘리아삽이 헌물을 드렸
으니
43 그의 헌물도 성소의 세겔로 백삼십 세
겔 무게의 은 쟁반 하나와 칠십 세겔
무게의 은 바리 하나라 이 두 그릇에는
소제물로 기름 섞은 고운 가루를 채웠
고
44 또 열 세겔 무게의 금 그릇 하나라 이
것에는 향을 채웠고
45 또 번제물로 수송아지 한 마리와 숫양
한 마리와 일 년 된 어린 숫양 한 마리
이며
46 속죄제물로 숫염소 한 마리이며
47 화목제물로 소 두 마리와 숫양 다섯 마
리와 숫염소 다섯 마리와 일 년 된 어
린 숫양 다섯 마리라 이는 드우엘의 아
들 엘리아삽의 헌물이었더라
48 ● 일곱째 날에는 에브라임 자손의 지

38

39

40

41

42 ●

43

44

45

46

47

48 ●

휘관 암미훗의 아들 엘리사마가 헌물
을 드렸으니
49 그의 헌물도 성소의 세겔로 백삼십 세
겔 무게의 은 쟁반 하나와 칠십 세겔
무게의 은 바리 하나라 이 두 그릇에는
소제물로 기름 섞은 고운 가루를 채웠
고
50 또 열 세겔 무게의 금 그릇 하나라 이
것에는 향을 채웠고
51 또 번제물로 수송아지 한 마리와 숫양
한 마리와 일 년 된 어린 숫양 한 마리
이며
52 속죄제물로 숫염소 한 마리이며
53 화목제물로 소 두 마리와 숫양 다섯 마
리와 숫염소 다섯 마리와 일 년 된 어
린 숫양 다섯 마리라 이는 암미훗의 아
들 엘리사마의 헌물이었더라
54 ●여덟째 날에는 므낫세 자손의 지휘
관 브다술의 아들 가말리엘이 헌물을
드렸으니
55 그 헌물도 성소의 세겔로 백삼십 세겔
무게의 은 쟁반 하나와 칠십 세겔 무게
의 은 바리 하나라 이 두 그릇에는 소
제물로 기름 섞은 고운 가루를 채웠고
56 또 열 세겔 무게의 금 그릇 하나라 이
것에는 향을 채웠고
57 또 번제물로 수송아지 한 마리와 숫양
한 마리와 일 년 된 어린 숫양 한 마리
이며
58 속죄제물로 숫염소 한 마리이며
59 화목제물로 소 두 마리와 숫양 다섯 마

49
50
51
52
53
54 ●
55
56
57
58
59

리와 숫염소 다섯 마리와 일 년 된 어
린 숫양 다섯 마리라 이는 브다술의 아
들 가말리엘의 헌물이었더라
60 ●아홉째 날에는 베냐민 자손의 지휘
관 기드오니의 아들 아비단이 헌물을
드렸으니
61 그의 헌물도 성소의 세겔로 백삼십 세
겔 무게의 은 쟁반 하나와 칠십 세겔
무게의 은 바리 하나라 이 두 그릇에는
소제물로 기름 섞은 고운 가루를 채웠
고
62 또 열 세겔 무게의 금 그릇 하나라 이
것에는 향을 채웠고
63 또 번제물로 수송아지 한 마리와 숫양
한 마리와 일 년 된 어린 숫양 한 마리
이며
64 속죄제물로 숫염소 한 마리이며
65 화목제물로 소 두 마리와 숫양 다섯 마
리와 숫염소 다섯 마리와 일 년 된 어
린 숫양 다섯 마리라 이는 기드오니의
아들 아비단의 헌물이었더라
66 ●열째 날에는 단 자손의 지휘관 암미
삿대의 아들 아히에셀이 헌물을 드렸
으니
67 그의 헌물도 성소의 세겔로 백삼십 세
겔 무게의 은 쟁반 하나와 칠십 세겔 무
게의 은 바리 하나라 이 두 그릇에는 소
제물로 기름 섞은 고운 가루를 채웠고
68 또 열 세겔 무게의 금 그릇 하나라 이
것에는 향을 채웠고
69 또 번제물로 수송아지 한 마리와 숫양

60 ●
61
62
63
64
65
66 ●
67
68
69

한 마리와 일 년 된 어린 숫양 한 마리
이며
70 속죄제물로 숫염소 한 마리이며
71 화목제물로 소 두 마리와 숫양 다섯 마
리와 숫염소 다섯 마리와 일 년 된 어
린 숫양 다섯 마리라 이는 암미삿대의
아들 아히에셀의 헌물이었더라
72 ● 열한째 날에는 아셀 자손의 지휘관
오그란의 아들 바기엘이 헌물을 드렸
으니
73 그의 헌물도 성소의 세겔로 백삼십 세
겔 무게의 은 쟁반 하나와 칠십 세겔
무게의 은 바리 하나라 이 두 그릇에는
소제물로 기름 섞은 고운 가루를 채웠
고
74 또 열 세겔 무게의 금 그릇 하나라 이
것에는 향을 채웠고
75 또 번제물로 수송아지 한 마리와 숫양
한 마리와 일 년 된 어린 숫양 한 마리
이며
76 속죄제물로 숫염소 한 마리이며
77 화목제물로 소 두 마리와 숫양 다섯 마
리와 숫염소 다섯 마리와 일 년 된 어
린 숫양 다섯 마리라 이는 오그란의 아
들 바기엘의 헌물이었더라
78 ● 열두째 날에는 납달리 자손의 지휘
관 에난의 아들 아히라가 헌물을 드렸
으니
79 그의 헌물도 성소의 세겔로 백삼십 세
겔 무게의 은 쟁반 하나와 칠십 세겔
무게의 은 바리 하나라 이 두 그릇에는

70
71
72 ●
73
74
75
76
77
78 ●
79

소제물로 기름 섞은 고운 가루를 채웠
고
80 또 열 세겔 무게의 금 그릇 하나라 이
것에는 향을 채웠고
81 또 번제물로 수송아지 한 마리와 숫양
한 마리와 일 년 된 어린 숫양 한 마리
이며
82 속죄제물로 숫염소 한 마리이며
83 화목제물로 소 두 마리와 숫양 다섯 마
리와 숫염소 다섯 마리와 일 년 된 어
린 숫양 다섯 마리라 이는 에난의 아들
아히라의 헌물이었더라
84 ●이는 곧 제단에 기름 바르던 날에 이
스라엘 지휘관들이 드린 바 제단의 봉
헌물이라 은 쟁반이 열둘이요 은 바리
가 열둘이요 금 그릇이 열둘이니
85 은 쟁반은 각각 백삼십 세겔 무게요 은
바리는 각각 칠십 세겔 무게라 성소의
세겔로 모든 기구의 은이 모두 이천사
백 세겔이요
86 또 향을 채운 금 그릇이 열둘이니 성소
의 세겔로 각각 열 세겔 무게라 그 그
릇의 금이 모두 백이십 세겔이요
87 또 번제물로 수송아지가 열두 마리요
숫양이 열두 마리요 일 년 된 어린 숫
양이 열두 마리요 그 소제물이며 속죄
제물로 숫염소가 열두 마리이며
88 화목제물로 수소가 스물네 마리요 숫
양이 육십 마리요 숫염소가 육십 마리
요 일 년 된 어린 숫양이 육십 마리라
이는 제단에 기름 바른 후에 드린 바

80

81

82

83

84 ●

85

86

87

88

제단의 봉헌물이었더라
89 ●모세가 회막에 들어가서 여호와께
말하려 할 때에 증거궤 위 속죄소 위의
두 그룹 사이에서 자기에게 말씀하시
는 목소리를 들었으니 여호와께서 그
에게 말씀하심이었더라

등잔을 차려 놓는 방식

8 여호와께서 또 모세에게 말씀하여
이르시되
2 아론에게 말하여 이르라 등불을 켤 때
에는 일곱 등잔을 등잔대 앞으로 비추
게 할지니라 하시매
3 아론이 그리하여 등불을 등잔대 앞으
로 비추도록 켰으니 여호와께서 모세
에게 명령하심과 같았더라
4 이 등잔대의 제작법은 이러하니 곧 금
을 쳐서 만든 것인데 밑판에서 그 꽃까
지 쳐서 만든 것이라 모세가 여호와께
서 자기에게 보이신 양식을 따라 이 등
잔대를 만들었더라

레위인을 요제로 여호와께 드리다

5 ●여호와께서 모세에게 말씀하여 이르
시되
6 이스라엘 자손 중에서 레위인을 데려
다가 정결하게 하라
7 너는 이같이 하여 그들을 정결하게 하
되 곧 속죄의 물을 그들에게 뿌리고 그
들에게 그들의 전신을 삭도로 밀게 하
고 그 의복을 빨게 하여 몸을 정결하게
하고
8 또 그들에게 수송아지 한 마리를 번제

89 ●

등잔을 차려 놓는 방식

8

2

3

4

레위인을 요제로 여호와께 드리다

5 ●

6

7

8

물로, 기름 섞은 고운 가루를 그 소제
물로 가져오게 하고 그 외에 너는 또
수송아지 한 마리를 속죄제물로 가져
오고
9 레위인을 회막 앞에 나오게 하고 이스
라엘 자손의 온 회중을 모으고
10 레위인을 여호와 앞에 나오게 하고 이
스라엘 자손이 그들에게 안수하게 한
후에
11 아론이 이스라엘 자손을 위하여 레위
인을 흔들어 바치는 제물로 여호와 앞
에 드릴지니 이는 그들에게 여호와께
봉사하게 하기 위함이라
12 레위인으로 수송아지들의 머리에 안수
하게 하고 네가 그 하나는 속죄제물로,
하나는 번제물로 여호와께 드려 레위
인을 속죄하고
13 레위인을 아론과 그의 아들들 앞에 세
워 여호와께 요제로 드릴지니라
14 ● 너는 이같이 이스라엘 자손 중에서
레위인을 구별하라 그리하면 그들이
내게 속할 것이라
15 네가 그들을 정결하게 하여 요제로 드
린 후에 그들이 회막에 들어가서 봉사
할 것이니라
16 그들은 이스라엘 자손 중에서 내게 온
전히 드린 바 된 자라 이스라엘 자손
중 모든 초태생 곧 모든 처음 태어난
자 대신 내가 그들을 취하였나니
17 이스라엘 자손 중에 처음 태어난 것은
사람이든지 짐승이든지 다 내게 속하

9

10

11

12

13

14 ●

15

16

17

였음은 내가 애굽 땅에서 모든 처음 태
어난 자를 치던 날에 그들을 내게 구별
하였음이라
18 이러므로 내가 이스라엘 자손 중 모든
처음 태어난 자 대신 레위인을 취하였
느니라
19 내가 이스라엘 자손 중에서 레위인을
취하여 그들을 아론과 그의 아들들에
게 주어 그들로 회막에서 이스라엘 자
손을 대신하여 봉사하게 하며 또 이스
라엘 자손을 위하여 속죄하게 하였나
니 이는 이스라엘 자손이 성소에 가까
이 할 때에 그들 중에 재앙이 없게 하
려 하였음이니라
20 ●모세와 아론과 이스라엘 자손의 온
회중이 여호와께서 레위인에 대하여
모세에게 명령하신 것을 다 따라 레위
인에게 행하였으되 곧 이스라엘 자손
이 그와 같이 그들에게 행하였더라
21 레위인이 이에 죄에서 스스로 깨끗하
게 하고 그들의 옷을 빨매 아론이 그들
을 여호와 앞에 요제로 드리고 그가 또
그들을 위하여 속죄하여 정결하게 한
22 후에 레위인이 회막에 들어가서 아론
과 그의 아들들 앞에서 봉사하니라 여
호와께서 레위인의 일에 대하여 모세
에게 명령하게 하신 것을 따라 그와 같
이 그들에게 행하였더라
23 ●여호와께서 또 모세에게 말씀하여
이르시되
24 레위인은 이같이 할지니 곧 이십오 세

18

19

20 ●

21

22

23 ●

24

이상으로는 회막에 들어가서 복무하고
봉사할 것이요
25 오십 세부터는 그 일을 쉬어 봉사하지
아니할 것이나
26 그의 형제와 함께 회막에서 돕는 직무
를 지킬 것이요 일하지 아니할 것이라
너는 레위인의 직무에 대하여 이같이
할지니라

두 번째 유월절

9 애굽 땅에서 나온 다음 해 첫째 달에
여호와께서 시내 광야에서 모세에게
말씀하여 이르시되
2 이스라엘 자손에게 유월절을 그 정한
기일에 지키게 하라
3 그 정한 기일 곧 이 달 열넷째 날 해 질
때에 너희는 그것을 지키되 그 모든 율
례와 그 모든 규례대로 지킬지니라
4 모세가 이스라엘 자손에게 명령하여
유월절을 지키라 하매
5 그들이 첫째 달 열넷째 날 해 질 때에
시내 광야에서 유월절을 지켰으되 이
스라엘 자손이 여호와께서 모세에게
명령하신 것을 다 따라 행하였더라
6 그 때에 사람의 시체로 말미암아 부정
하게 되어서 유월절을 지킬 수 없는 사
람들이 있었는데 그들이 그 날에 모세
와 아론 앞에 이르러
7 그에게 이르되 우리가 사람의 시체로
말미암아 부정하게 되었거니와 우리를
금지하여 이스라엘 자손과 함께 정한
기일에 여호와께 헌물을 드리지 못하

25

26

두 번째 유월절

9

2

3

4

5

6

7

게 하심은 어찌함이니이까
8 모세가 그들에게 이르되 기다리라 여
호와께서 너희에게 대하여 어떻게 명
령하시는지 내가 들으리라
9 ●여호와께서 모세에게 말씀하여 이르
시되
10 이스라엘 자손에게 말하여 이르라 너
희나 너희 후손 중에 시체로 말미암아
부정하게 되든지 먼 여행 중에 있다 할
지라도 다 여호와 앞에 마땅히 유월절
을 지키되
11 둘째 달 열넷째 날 해 질 때에 그것을
지켜서 어린 양에 무교병과 쓴 나물을
아울러 먹을 것이요
12 아침까지 그것을 조금도 남겨두지 말
며 그 뼈를 하나도 꺾지 말아서 유월절
모든 율례대로 지킬 것이니라
13 그러나 사람이 정결하기도 하고 여행
중에도 있지 아니하면서 유월절을 지
키지 아니하는 자는 그 백성 중에서 끊
어지리니 이런 사람은 그 정한 기일에
여호와께 헌물을 드리지 아니하였은즉
그의 죄를 담당할지며
14 만일 타국인이 너희 중에 거류하여 여
호와 앞에 유월절을 지키고자 하면 유
월절 율례대로 그 규례를 따라서 행할
지니 거류민에게나 본토인에게나 그
율례는 동일할 것이니라

길을 안내한 구름

15 ●성막을 세운 날에 구름이 성막 곧 증
거의 성막을 덮었고 저녁이 되면 성막

8

9 ●

10

11

12

13

14

길을 안내한 구름

15 ●

위에 불 모양 같은 것이 나타나서 아침
까지 이르렀으되
16 항상 그러하여 낮에는 구름이 그것을
덮었고 밤이면 불 모양이 있었는데
17 구름이 성막에서 떠오르는 때에는 이
스라엘 자손이 곧 행진하였고 구름이
머무는 곳에 이스라엘 자손이 진을 쳤
으니
18 이스라엘 자손이 여호와의 명령을 따
라 행진하였고 여호와의 명령을 따라
진을 쳤으며 구름이 성막 위에 머무는
동안에는 그들이 진영에 머물렀고
19 구름이 성막 위에 머무는 날이 오랠 때
에는 이스라엘 자손이 여호와의 명령
을 지켜 행진하지 아니하였으며
20 혹시 구름이 성막 위에 머무는 날이 적
을 때에도 그들이 다만 여호와의 명령
을 따라 진영에 머물고 여호와의 명령
을 따라 행진하였으며
21 혹시 구름이 저녁부터 아침까지 있다
가 아침에 그 구름이 떠오를 때에는 그
들이 행진하였고 구름이 밤낮 있다가
떠오르면 곧 행진하였으며
22 이틀이든지 한 달이든지 일 년이든지
구름이 성막 위에 머물러 있을 동안에
는 이스라엘 자손이 진영에 머물고 행
진하지 아니하다가 떠오르면 행진하였
으니
23 곧 그들이 여호와의 명령을 따라 진을
치며 여호와의 명령을 따라 행진하고
또 모세를 통하여 이르신 여호와의 명

16

17

18

19

20

21

22

23

령을 따라 여호와의 직임을 지켰더라

나팔 신호

10 여호와께서 모세에게 말씀하여
이르시되
2 은 나팔 둘을 만들되 두들겨 만들어서
그것으로 회중을 소집하며 진영을 출
발하게 할 것이라
3 나팔 두 개를 불 때에는 온 회중이 회
막 문 앞에 모여서 네게로 나아올 것이
요
4 하나만 불 때에는 이스라엘의 천부장
된 지휘관들이 모여서 네게로 나아올
것이며
5 너희가 그것을 크게 불 때에는 동쪽 진
영들이 행진할 것이며
6 두 번째로 크게 불 때에는 남쪽 진영들
이 행진할 것이라 떠나려 할 때에는 나
팔 소리를 크게 불 것이며
7 또 회중을 모을 때에도 나팔을 불 것이
나 소리를 크게 내지 말며
8 그 나팔은 아론의 자손인 제사장들이
불지니 이는 너희 대대에 영원한 율례
니라
9 또 너희 땅에서 너희가 자기를 압박하
는 대적을 치러 나갈 때에는 나팔을 크
게 불지니 그리하면 너희 하나님 여호
와가 너희를 기억하고 너희를 너희의
대적에게서 구원하시리라
10 또 너희의 희락의 날과 너희가 정한 절
기와 초하루에는 번제물을 드리고 화
목제물을 드리며 나팔을 불라 그로 말

나팔 신호

10

2

3

4

5

6

7

8

9

10

미암아 너희의 하나님이 너희를 기억
하시리라 나는 너희의 하나님 여호와
니라

이스라엘 자손이 진행하기를 시작하다

11 ●둘째 해 둘째 달 스무날에 구름이 증
거의 성막에서 떠오르매
12 이스라엘 자손이 시내 광야에서 출발
하여 자기 길을 가더니 바란 광야에 구
름이 머무니라
13 이와 같이 그들이 여호와께서 모세에
게 명령하신 것을 따라 행진하기를 시
작하였는데
14 선두로 유다 자손의 진영의 군기에 속
한 자들이 그들의 진영별로 행진하였
으니 유다 군대는 암미나답의 아들 나
손이 이끌었고
15 잇사갈 자손 지파의 군대는 수알의 아
들 느다넬이 이끌었고
16 스불론 자손 지파의 군대는 헬론의 아
들 엘리압이 이끌었더라
17 ●이에 성막을 걷으매 게르손 자손과
므라리 자손이 성막을 메고 출발하였
으며
18 다음으로 르우벤 진영의 군기에 속한
자들이 그들의 진영별로 출발하였으니
르우벤의 군대는 스데울의 아들 엘리
술이 이끌었고
19 시므온 자손 지파의 군대는 수리삿대
의 아들 슬루미엘이 이끌었고
20 갓 자손 지파의 군대는 드우엘의 아들
엘리아삽이 이끌었더라

이스라엘 자손이 진행하기를 시작하다

11 ●

12

13

14

15

16

17 ●

18

19

20

21 ●고핫인은 성물을 메고 행진하였고
그들이 이르기 전에 성막을 세웠으며
22 다음으로 에브라임 자손 진영의 군기
에 속한 자들이 그들의 진영별로 행진
하였으니 에브라임 군대는 암미훗의
아들 엘리사마가 이끌었고
23 므낫세 자손 지파의 군대는 브다술의
아들 가말리엘이 이끌었고
24 베냐민 자손 지파의 군대는 기드오니
의 아들 아비단이 이끌었더라
25 ●다음으로 단 자손 진영의 군기에 속
한 자들이 그들의 진영별로 행진하였
으니 이 군대는 모든 진영의 마지막 진
영이었더라 단 군대는 암미삿대의 아
들 아히에셀이 이끌었고
26 아셀 자손 지파의 군대는 오그란의 아
들 바기엘이 이끌었고
27 납달리 자손 지파의 군대는 에난의 아
들 아히라가 이끌었더라
28 이스라엘 자손이 행진할 때에 이와 같
이 그들의 군대를 따라 나아갔더라
29 ●모세가 모세의 장인 미디안 사람 르
우엘의 아들 호밥에게 이르되 여호와
께서 주마 하신 곳으로 우리가 행진하
나니 우리와 동행하자 그리하면 선대
하리라 여호와께서 이스라엘에게 복을
내리리라 하셨느니라
30 호밥이 그에게 이르되 나는 가지 아니
하고 내 고향 내 친족에게로 가리라
31 모세가 이르되 청하건대 우리를 떠나
지 마소서 당신은 우리가 광야에서 어

21 ●
22
23
24
25 ●
26
27
28
29 ●
30
31

뗬게 진 칠지를 아나니 우리의 눈이 되
리이다
32 우리와 동행하면 여호와께서 우리에게
복을 내리시는 대로 우리도 당신에게
행하리이다
33 ●그들이 여호와의 산에서 떠나 삼 일
길을 갈 때에 여호와의 언약궤가 그 삼
일 길에 앞서 가며 그들의 쉴 곳을 찾
았고
34 그들이 진영을 떠날 때에 낮에는 여호
와의 구름이 그 위에 덮였었더라
35 ●궤가 떠날 때에는 모세가 말하되 여
호와여 일어나사 주의 대적들을 흩으
시고 주를 미워하는 자가 주 앞에서 도
망하게 하소서 하였고
36 궤가 쉴 때에는 말하되 여호와여 이스
라엘 종족들에게로 돌아오소서 하였더
라

다베라

11 여호와께서 들으시기에 백성이
악한 말로 원망하매 여호와께서
들으시고 진노하사 여호와의 불을 그
들 중에 붙여서 진영 끝을 사르게 하시
매
2 백성이 모세에게 부르짖으므로 모세가
여호와께 기도하니 불이 꺼졌더라
3 그 곳 이름을 다베라라 불렀으니 이는
여호와의 불이 그들 중에 붙은 까닭이
었더라

모세가 장로 칠십 인을 뽑다

4 ●그들 중에 섞여 사는 다른 인종들이

32
33 ●
34
35 ●
36

다베라

11
2
3

모세가 장로 칠십 인을 뽑다

4 ●

탐욕을 품으매 이스라엘 자손도 다시
울며 이르되 누가 우리에게 고기를 주
어 먹게 하랴
5 우리가 애굽에 있을 때에는 값없이 생
선과 오이와 참외와 부추와 파와 마늘
들을 먹은 것이 생각나거늘
6 이제는 우리의 기력이 다하여 이 만나
외에는 보이는 것이 아무 것도 없도다
하니
7 만나는 깟씨와 같고 모양은 진주와 같
은 것이라
8 백성이 두루 다니며 그것을 거두어 맷
돌에 갈기도 하며 절구에 찧기도 하고
가마에 삶기도 하여 과자를 만들었으
니 그 맛이 기름 섞은 과자 맛 같았더라
9 밤에 이슬이 진영에 내릴 때에 만나도
함께 내렸더라
10 ●백성의 온 종족들이 각기 자기 장막
문에서 우는 것을 모세가 들으니라 이
러므로 여호와의 진노가 심히 크고 모
세도 기뻐하지 아니하여
11 모세가 여호와께 여짜오되 어찌하여
주께서 종을 괴롭게 하시나이까 어찌
하여 내게 주의 목전에서 은혜를 입게
아니하시고 이 모든 백성을 내게 맡기
사 내가 그 짐을 지게 하시나이까
12 이 모든 백성을 내가 배었나이까 내가
그들을 낳았나이까 어찌 주께서 내게
양육하는 아버지가 젖 먹는 아이를 품
듯 그들을 품에 품고 주께서 그들의 열
조에게 맹세하신 땅으로 가라 하시나

5

6

7

8

9

10 ●

11

12

이까
13 이 모든 백성에게 줄 고기를 내가 어디
서 얻으리이까 그들이 나를 향하여 울
며 이르되 우리에게 고기를 주어 먹게
하라 하온즉
14 책임이 심히 중하여 나 혼자는 이 모든
백성을 감당할 수 없나이다
15 주께서 내게 이같이 행하실진대 구하
옵나니 내게 은혜를 베푸사 즉시 나를
죽여 내가 고난 당함을 내가 보지 않게
하옵소서
16 ● 여호와께서 모세에게 이르시되 이스
라엘 노인 중에 네가 알기로 백성의 장
로와 지도자가 될 만한 자 칠십 명을
모아 내게 데리고 와 회막에 이르러 거
기서 너와 함께 서게 하라
17 내가 강림하여 거기서 너와 말하고 네
게 임한 영을 그들에게도 임하게 하리
니 그들이 너와 함께 백성의 짐을 담당
하고 너 혼자 담당하지 아니하리라
18 또 백성에게 이르기를 너희의 몸을 거
룩히 하여 내일 고기 먹기를 기다리라
너희가 울며 이르기를 누가 우리에게
고기를 주어 먹게 하랴 애굽에 있을 때
가 우리에게 좋았다 하는 말이 여호와
께 들렸으므로 여호와께서 너희에게
고기를 주어 먹게 하실 것이라
19 하루나 이틀이나 닷새나 열흘이나 스
무 날만 먹을 뿐 아니라
20 냄새도 싫어하기까지 한 달 동안 먹게
하시리니 이는 너희가 너희 중에 계시

13

14

15

16 ●

17

18

19

20

는 여호와를 멸시하고 그 앞에서 울며
이르기를 우리가 어찌하여 애굽에서
나왔던가 함이라 하라
21 모세가 이르되 나와 함께 있는 이 백성
의 보행자가 육십만 명이온데 주의 말
씀이 한 달 동안 고기를 주어 먹게 하
겠다 하시오니
22 그들을 위하여 양 떼와 소 떼를 잡은들
족하오며 바다의 모든 고기를 모은들
족하오리이까
23 여호와께서 모세에게 이르시되 여호와
의 손이 짧으냐 네가 이제 내 말이 네
게 응하는 여부를 보리라
24 ●모세가 나가서 여호와의 말씀을 백
성에게 알리고 백성의 장로 칠십 인을
모아 장막에 둘러 세우매
25 여호와께서 구름 가운데 강림하사 모
세에게 말씀하시고 그에게 임한 영을
칠십 장로에게도 임하게 하시니 영이
임하신 때에 그들이 예언을 하다가 다
시는 하지 아니하였더라
26 ●그 기명된 자 중 엘닷이라 하는 자와
메닷이라 하는 자 두 사람이 진영에 머
물고 장막에 나아가지 아니하였으나
그들에게도 영이 임하였으므로 진영에
서 예언한지라
27 한 소년이 달려와서 모세에게 전하여
이르되 엘닷과 메닷이 진중에서 예언
하나이다 하매
28 택한 자 중 한 사람 곧 모세를 섬기는
눈의 아들 여호수아가 말하여 이르되

내 주 모세여 그들을 말리소서
29 모세가 그에게 이르되 네가 나를 두고
시기하느냐 여호와께서 그의 영을 그
의 모든 백성에게 주사 다 선지자가 되
게 하시기를 원하노라
30 모세와 이스라엘 장로들이 진중으로
돌아왔더라

여호와께서 메추라기를 보내시다

31 ●바람이 여호와에게서 나와 바다에서
부터 메추라기를 몰아 진영 곁 이쪽 저
쪽 곧 진영 사방으로 각기 하룻길 되는
지면 위 두 규빗쯤에 내리게 한지라
32 백성이 일어나 그 날 종일 종야와 그
이튿날 종일토록 메추라기를 모으니
적게 모은 자도 열 호멜이라 그들이 자
기들을 위하여 진영 사면에 펴 두었더
라
33 고기가 아직 이 사이에 있어 씹히기 전
에 여호와께서 백성에게 대하여 진노
하사 심히 큰 재앙으로 치셨으므로
34 그 곳 이름을 기브롯 핫다아와라 불렀
으니 욕심을 낸 백성을 거기 장사함이
었더라
35 백성이 기브롯 핫다아와에서 행진하여
하세롯에 이르러 거기 거하니라

미리암이 벌을 받다

12 모세가 구스 여자를 취하였더니
그 구스 여자를 취하였으므로 미
리암과 아론이 모세를 비방하니라
2 그들이 이르되 여호와께서 모세와만
말씀하셨느냐 우리와도 말씀하지 아니

29

30

여호와께서 메추라기를 보내시다

31 ●

32

33

34

35

미리암이 벌을 받다

12

2

하셨느냐 하매 여호와께서 이 말을 들
으셨더라
3 이 사람 모세는 온유함이 지면의 모든
사람보다 더하더라
4 ●여호와께서 갑자기 모세와 아론과
미리암에게 이르시되 너희 세 사람은
회막으로 나아오라 하시니 그 세 사람
이 나아가매
5 여호와께서 구름 기둥 가운데로부터
강림하사 장막 문에 서시고 아론과 미
리암을 부르시는지라 그 두 사람이 나
아가매
6 이르시되 내 말을 들으라 너희 중에 선
지자가 있으면 나 여호와가 환상으로
나를 그에게 알리기도 하고 꿈으로 그
와 말하기도 하거니와
7 내 종 모세와는 그렇지 아니하니 그는
내 온 집에 충성함이라
8 그와는 내가 대면하여 명백히 말하고
은밀한 말로 하지 아니하며 그는 또 여
호와의 형상을 보거늘 너희가 어찌하
여 내 종 모세 비방하기를 두려워하지
아니하느냐
9 여호와께서 그들을 향하여 진노하시고
떠나시매
10 구름이 장막 위에서 떠나갔고 미리암
은 나병에 걸려 눈과 같더라 아론이 미
리암을 본즉 나병에 걸렸는지라
11 아론이 이에 모세에게 이르되 슬프도
다 내 주여 우리가 어리석은 일을 하여
죄를 지었으나 청하건대 그 벌을 우리

3

4 ●

5

6

7

8

9

10

11

에게 돌리지 마소서
12 그가 살이 반이나 썩어 모태로부터 죽
어서 나온 자 같이 되지 않게 하소서
13 모세가 여호와께 부르짖어 이르되 하
나님이여 원하건대 그를 고쳐 주옵소
서
14 여호와께서 모세에게 이르시되 그의
아버지가 그의 얼굴에 침을 뱉었을지
라도 그가 이레 동안 부끄러워하지 않
겠느냐 그런즉 그를 진영 밖에 이레 동
안 가두고 그 후에 들어오게 할지니라
하시니
15 이에 미리암이 진영 밖에 이레 동안 갇
혀 있었고 백성은 그를 다시 들어오게
하기까지 행진하지 아니하다가
16 그 후에 백성이 하세롯을 떠나 바란 광
야에 진을 치니라

가나안 땅 정탐

13 여호와께서 모세에게 말씀하여
이르시되
2 사람을 보내어 내가 이스라엘 자손에
게 주는 가나안 땅을 정탐하게 하되 그
들의 조상의 가문 각 지파 중에서 지휘
관 된 자 한 사람씩 보내라
3 모세가 여호와의 명령을 따라 바란 광
야에서 그들을 보냈으니 그들은 다 이
스라엘 자손의 수령 된 사람이라
4 그들의 이름은 이러하니라 르우벤 지
파에서는 삭굴의 아들 삼무아요
5 시므온 지파에서는 호리의 아들 사밧
이요

12

13

14

15

16

가나안 땅 정탐

13

2

3

4

5

6 유다 지파에서는 여분네의 아들 갈렙
이요
7 잇사갈 지파에서는 요셉의 아들 이갈
이요
8 에브라임 지파에서는 눈의 아들 호세
아요
9 베냐민 지파에서는 라부의 아들 발디요
10 스불론 지파에서는 소디의 아들 갓디
엘이요
11 요셉 지파 곧 므낫세 지파에서는 수시
의 아들 갓디요
12 단 지파에서는 그말리의 아들 암미엘
이요
13 아셀 지파에서는 미가엘의 아들 스둘
이요
14 납달리 지파에서는 웝시의 아들 나비요
15 갓 지파에서는 마기의 아들 그우엘이니
16 이는 모세가 땅을 정탐하러 보낸 자들
의 이름이라 모세가 눈의 아들 호세아
를 여호수아라 불렀더라
17 ●모세가 가나안 땅을 정탐하러 그들
을 보내며 이르되 너희는 네겝 길로 행
하여 산지로 올라가서
18 그 땅이 어떠한지 정탐하라 곧 그 땅
거민이 강한지 약한지 많은지 적은지
와
19 그들이 사는 땅이 좋은지 나쁜지와 사
는 성읍이 진영인지 산성인지와
20 토지가 비옥한지 메마른지 나무가 있
는지 없는지를 탐지하라 담대하라 또
그 땅의 실과를 가져오라 하니 그 때는

포도가 처음 익을 즈음이었더라
21 ●이에 그들이 올라가서 땅을 정탐하
되 신 광야에서부터 하맛 어귀 르홉에
이르렀고
22 또 네겝으로 올라가서 헤브론에 이르
렀으니 헤브론은 애굽 소안보다 칠 년
전에 세운 곳이라 그 곳에 아낙 자손
아히만과 세새와 달매가 있었더라
23 또 에스골 골짜기에 이르러 거기서 포
도송이가 달린 가지를 베어 둘이 막대
기에 꿰어 메고 또 석류와 무화과를 따
니라
24 이스라엘 자손이 거기서 포도를 베었
으므로 그 곳을 에스골 골짜기라 불렀
더라
25 ●사십 일 동안 땅을 정탐하기를 마치
고 돌아와
26 바란 광야 가데스에 이르러 모세와 아
론과 이스라엘 자손의 온 회중에게 나
아와 그들에게 보고하고 그 땅의 과일
을 보이고
27 모세에게 말하여 이르되 당신이 우리
를 보낸 땅에 간즉 과연 그 땅에 젖과
꿀이 흐르는데 이것은 그 땅의 과일이
니이다
28 그러나 그 땅 거주민은 강하고 성읍은
견고하고 심히 클 뿐 아니라 거기서 아
낙 자손을 보았으며
29 아말렉인은 남방 땅에 거주하고 헷인
과 여부스인과 아모리인은 산지에 거
주하고 가나안인은 해변과 요단 가에

21 ●
22
23
24
25 ●
26
27
28
29

거주하더이다
30 ●갈렙이 모세 앞에서 백성을 조용하
게 하고 이르되 우리가 곧 올라가서 그
땅을 취하자 능히 이기리라 하나
31 그와 함께 올라갔던 사람들은 이르되
우리는 능히 올라가서 그 백성을 치지
못하리라 그들은 우리보다 강하니라
하고
32 이스라엘 자손 앞에서 그 정탐한 땅을
악평하여 이르되 우리가 두루 다니며
정탐한 땅은 그 거주민을 삼키는 땅이
요 거기서 본 모든 백성은 신장이 장대
한 자들이며
33 거기서 네피림 후손인 아낙 자손의 거
인들을 보았나니 우리는 스스로 보기
에도 메뚜기 같으니 그들이 보기에도
그와 같았을 것이니라

백성의 원망

14 온 회중이 소리를 높여 부르짖으
며 백성이 밤새도록 통곡하였더
라
2 이스라엘 자손이 다 모세와 아론을 원
망하며 온 회중이 그들에게 이르되 우
리가 애굽 땅에서 죽었거나 이 광야에
서 죽었으면 좋았을 것을
3 어찌하여 여호와가 우리를 그 땅으로
인도하여 칼에 쓰러지게 하려 하는가
우리 처자가 사로잡히리니 애굽으로
돌아가는 것이 낫지 아니하랴
4 ●이에 서로 말하되 우리가 한 지휘관
을 세우고 애굽으로 돌아가자 하매

30 ●

31

32

33

백성의 원망

14

2

3

4 ●

5 모세와 아론이 이스라엘 자손의 온 회
중 앞에서 엎드린지라
6 그 땅을 정탐한 자 중 눈의 아들 여호
수아와 여분네의 아들 갈렙이 자기들
의 옷을 찢고
7 이스라엘 자손의 온 회중에게 말하여
이르되 우리가 두루 다니며 정탐한 땅
은 심히 아름다운 땅이라
8 여호와께서 우리를 기뻐하시면 우리를
그 땅으로 인도하여 들이시고 그 땅을
우리에게 주시리라 이는 과연 젖과 꿀
이 흐르는 땅이니라
9 다만 여호와를 거역하지는 말라 또 그
땅 백성을 두려워하지 말라 그들은 우
리의 먹이라 그들의 보호자는 그들에게
서 떠났고 여호와는 우리와 함께 하시
느니라 그들을 두려워하지 말라 하나
10 온 회중이 그들을 돌로 치려 하는데 그
때에 여호와의 영광이 회막에서 이스
라엘 모든 자손에게 나타나시니라

모세가 백성을 두고 기도하다

11 ●여호와께서 모세에게 이르시되 이
백성이 어느 때까지 나를 멸시하겠느
냐 내가 그들 중에 많은 이적을 행하였
으나 어느 때까지 나를 믿지 않겠느냐
12 내가 전염병으로 그들을 쳐서 멸하고
네게 그들보다 크고 강한 나라를 이루
게 하리라
13 ●모세가 여호와께 여짜오되 애굽인 중
에서 주의 능력으로 이 백성을 인도하
여 내셨거늘 그리하시면 그들이 듣고

5

6

7

8

9

10

모세가 백성을 두고 기도하다

11 ●

12

13 ●

14 이 땅 거주민에게 전하리이다 주 여호
와께서 이 백성 중에 계심을 그들도 들
었으니 곧 주 여호와께서 대면하여 보
이시며 주의 구름이 그들 위에 섰으며
주께서 낮에는 구름 기둥 가운데에서,
밤에는 불 기둥 가운데에서 그들 앞에
행하시는 것이니이다
15 이제 주께서 이 백성을 하나 같이 죽이
시면 주의 명성을 들은 여러 나라가 말
하여 이르기를
16 여호와가 이 백성에게 주기로 맹세한
땅에 인도할 능력이 없었으므로 광야
에서 죽였다 하리이다
17 이제 구하옵나니 이미 말씀하신 대로
주의 큰 권능을 나타내옵소서 이르시
기를
18 여호와는 노하기를 더디하시고 인자가
많아 죄악과 허물을 사하시나 형벌 받
을 자는 결단코 사하지 아니하시고 아
버지의 죄악을 자식에게 갚아 삼사대
까지 이르게 하리라 하셨나이다
19 구하옵나니 주의 인자의 광대하심을
따라 이 백성의 죄악을 사하시되 애굽
에서부터 지금까지 이 백성을 사하신
것 같이 사하시옵소서
20 ●여호와께서 이르시되 내가 네 말대
로 사하노라
21 그러나 진실로 내가 살아 있는 것과 여
호와의 영광이 온 세계에 충만할 것을
두고 맹세하노니
22 내 영광과 애굽과 광야에서 행한 내 이

14

15

16

17

18

19

20 ●

21

22

적을 보고서도 이같이 열 번이나 나를
시험하고 내 목소리를 청종하지 아니
한 그 사람들은
23 내가 그들의 조상들에게 맹세한 땅을
결단코 보지 못할 것이요 또 나를 멸시
하는 사람은 한 사람도 그것을 보지 못
하리라
24 그러나 내 종 갈렙은 그 마음이 그들과
달라서 나를 온전히 따랐은즉 그가 갔
던 땅으로 내가 그를 인도하여 들이리
니 그의 자손이 그 땅을 차지하리라
25 아말렉인과 가나안인이 골짜기에 거주
하나니 너희는 내일 돌이켜 홍해 길을
따라 광야로 들어갈지니라

여호와께서 원망하는 백성을 벌하시다

26 ●여호와께서 모세와 아론에게 말씀하
여 이르시되
27 나를 원망하는 이 악한 회중에게 내가
어느 때까지 참으랴 이스라엘 자손이
나를 향하여 원망하는 바 그 원망하는
말을 내가 들었노라
28 그들에게 이르기를 여호와의 말씀에
내 삶을 두고 맹세하노라 너희 말이 내
귀에 들린 대로 내가 너희에게 행하리
니
29 너희 시체가 이 광야에 엎드러질 것이
라 너희 중에서 이십 세 이상으로서 계
수된 자 곧 나를 원망한 자 전부가
30 여분네의 아들 갈렙과 눈의 아들 여호
수아 외에는 내가 맹세하여 너희에게
살게 하리라 한 땅에 결단코 들어가지

23

24

25

여호와께서 원망하는 백성을 벌하시다

26 ●

27

28

29

30

못하리라
31 너희가 사로잡히겠다고 말하던 너희의
유아들은 내가 인도하여 들이리니 그
들은 너희가 싫어하던 땅을 보려니와
32 너희의 시체는 이 광야에 엎드러질 것
이요
33 너희의 자녀들은 너희 반역한 죄를 지
고 너희의 시체가 광야에서 소멸되기
까지 사십 년을 광야에서 방황하는 자
가 되리라
34 너희는 그 땅을 정탐한 날 수인 사십
일의 하루를 일 년으로 쳐서 그 사십
년간 너희의 죄악을 담당할지니 너희
는 그제서야 내가 싫어하면 어떻게 되
는지를 알리라 하셨다 하라
35 나 여호와가 말하였거니와 모여 나를
거역하는 이 악한 온 회중에게 내가 반
드시 이같이 행하리니 그들이 이 광야
에서 소멸되어 거기서 죽으리라
36 ●모세의 보냄을 받고 땅을 정탐하고
돌아와서 그 땅을 악평하여 온 회중이
모세를 원망하게 한 사람
37 곧 그 땅에 대하여 악평한 자들은 여호
와 앞에서 재앙으로 죽었고
38 그 땅을 정탐하러 갔던 사람들 중에서
오직 눈의 아들 여호수아와 여분네의
아들 갈렙은 생존하니라

첫번째 점령 시도

39 ●모세가 이 말로 이스라엘 모든 자손
에게 알리매 백성이 크게 슬퍼하여
40 아침에 일찍이 일어나 산 꼭대기로 올

31
32
33
34
35
36 ●
37
38

첫번째 점령 시도

39 ●
40

라가며 이르되 보소서 우리가 여기 있
나이다 우리가 여호와께서 허락하신
곳으로 올라가리니 우리가 범죄하였음
이니이다
41 모세가 이르되 너희가 어찌하여 이제
여호와의 명령을 범하느냐 이 일이 형
통하지 못하리라
42 여호와께서 너희 중에 계시지 아니하
니 올라가지 말라 너희의 대적 앞에서
패할까 하노라
43 아말렉인과 가나안인이 너희 앞에 있
으니 너희가 그 칼에 망하리라 너희가
여호와를 배반하였으니 여호와께서 너
희와 함께 하지 아니하시리라 하나
44 그들이 그래도 산 꼭대기로 올라갔고
여호와의 언약궤와 모세는 진영을 떠
나지 아니하였더라
45 아말렉인과 산간지대에 거주하는 가나
안인이 내려와 그들을 무찌르고 호르
마까지 이르렀더라

여호와께 드리는 제물

15 여호와께서 모세에게 말씀하여
이르시되
2 이스라엘 자손에게 말하여 그들에게
이르라 너희는 내가 주어 살게 할 땅에
들어가서
3 여호와께 화제나 번제나 서원을 갚는
제사나 낙헌제나 정한 절기제에 소나
양을 여호와께 향기롭게 드릴 때에
4 그러한 헌물을 드리는 자는 고운 가루
십분의 일에 기름 사분의 일 힌을 섞어

41

42

43

44

45

여호와께 드리는 제물

15

2

3

4

여호와께 소제로 드릴 것이며
5 번제나 다른 제사로 드리는 제물이 어
린 양이면 전제로 포도주 사분의 일 힌
을 준비할 것이요
6 숫양이면 소제로 고운 가루 십분의 이
에 기름 삼분의 일 힌을 섞어 준비하고
7 전제로 포도주 삼분의 일 힌을 드려 여
호와 앞에 향기롭게 할 것이요
8 번제로나 서원을 갚는 제사로나 화목
제로 수송아지를 예비하여 여호와께
드릴 때에는
9 소제로 고운 가루 십분의 삼 에바에 기
름 반 힌을 섞어 그 수송아지와 함께
드리고
10 전제로 포도주 반 힌을 드려 여호와 앞
에 향기로운 화제를 삼을지니라
11 ●수송아지나 숫양이나 어린 숫양이나
어린 염소에는 그 마리 수마다 위와 같
이 행하되
12 너희가 준비하는 수효를 따라 각기 수
효에 맞게 하라
13 누구든지 본토 소생이 여호와께 향기
로운 화제를 드릴 때에는 이 법대로 할
것이요
14 너희 중에 거류하는 타국인이나 너희
중에 대대로 있는 자나 누구든지 여호
와께 향기로운 화제를 드릴 때에는 너
희가 하는 대로 그도 그리할 것이라
15 회중 곧 너희에게나 거류하는 타국인
에게나 같은 율례이니 너희의 대대로
영원한 율례라 너희가 어떠한 대로 타

5

6

7

8

9

10

11 ●

12

13

14

15

국인도 여호와 앞에 그러하리라
16 너희에게나 너희 중에 거류하는 타국
인에게나 같은 법도, 같은 규례이니라
17 ●여호와께서 모세에게 말씀하여 이르
시되
18 이스라엘 자손에게 말하여 이르라 너
희는 내가 인도하는 땅에 들어가거든
19 그 땅의 양식을 먹을 때에 여호와께 거
제를 드리되
20 너희의 처음 익은 곡식 가루 떡을 거제
로 타작 마당의 거제 같이 들어 드리라
21 너희의 처음 익은 곡식 가루 떡을 대대
에 여호와께 거제로 드릴지니라
22 ●너희가 그릇 범죄하여 여호와가 모
세에게 말씀하신 이 모든 명령을 지키
지 못하되
23 곧 여호와께서 모세를 통하여 너희에
게 명령한 모든 것을 여호와께서 명령
한 날 이후부터 너희 대대에 지키지 못
하여
24 회중이 부지중에 범죄하였거든 온 회
중은 수송아지 한 마리를 여호와께 향
기로운 화제로 드리고 규례대로 소제
와 전제를 드리고 숫염소 한 마리를 속
죄제로 드릴 것이라
25 제사장이 이스라엘 자손의 온 회중을
위하여 속죄하면 그들이 사함을 받으
리니 이는 그가 부지중에 범죄함이며
또 부지중에 범죄함으로 말미암아 헌
물 곧 화제와 속죄제를 여호와께 드렸
음이라

16
17 ●
18
19
20
21
22 ●
23
24
25

26 이스라엘 자손의 온 회중과 그들 중에
거류하는 타국인도 사함을 받을 것은
온 백성이 부지중에 범죄하였음이니라
27 ●만일 한 사람이 부지중에 범죄하면
일 년 된 암염소로 속죄제를 드릴 것이
요
28 제사장은 그 부지중에 범죄한 사람이
부지중에 여호와 앞에 범한 죄를 위하
여 속죄하여 그 죄를 속할지니 그리하
면 사함을 얻으리라
29 이스라엘 자손 중 본토 소생이든지 그
들 중에 거류하는 타국인이든지 누구
든 부지중에 범죄한 자에 대한 법이 동
일하거니와
30 본토인이든지 타국인이든지 고의로 무
엇을 범하면 누구나 여호와를 비방하는
자니 그의 백성 중에서 끊어질 것이라
31 그런 사람은 여호와의 말씀을 멸시하
고 그의 명령을 파괴하였은즉 그의 죄
악이 자기에게로 돌아가서 온전히 끊
어지리라

안식일에 일을 한 사람

32 ●이스라엘 자손이 광야에 거류할 때
에 안식일에 어떤 사람이 나무하는 것
을 발견한지라
33 그 나무하는 자를 발견한 자들이 그를
모세와 아론과 온 회중 앞으로 끌어왔
으나
34 어떻게 처치할는지 지시하심을 받지
못한 고로 가두었더니
35 여호와께서 모세에게 이르시되 그 사

26

27 ●

28

29

30

31

안식일에 일을 한 사람

32 ●

33

34

35

람을 반드시 죽일지니 온 회중이 진영
밖에서 돌로 그를 칠지니라
36 온 회중이 곧 그를 진영 밖으로 끌어내
고 돌로 그를 쳐죽여서 여호와께서 모
세에게 명령하신 대로 하니라

옷단 귀에 다는 술

37 ●여호와께서 모세에게 말씀하여 이르
시되
38 이스라엘 자손에게 명령하여 대대로
그들의 옷단 귀에 술을 만들고 청색 끈
을 그 귀의 술에 더하라
39 이 술은 너희가 보고 여호와의 모든 계
명을 기억하여 준행하고 너희를 방종
하게 하는 자신의 마음과 눈의 욕심을
따라 음행하지 않게 하기 위함이라
40 그리하여 너희가 내 모든 계명을 기억
하고 행하면 너희의 하나님 앞에 거룩
하리라
41 나는 여호와 너희 하나님이라 나는 너
희의 하나님이 되려고 너희를 애굽 땅
에서 인도해 내었느니라 나는 여호와
너희의 하나님이니라

고라와 다단과 아비람의 반역

16 레위의 증손 고핫의 손자 이스할
의 아들 고라와 르우벤 자손 엘
리압의 아들 다단과 아비람과 벨렛의
아들 온이 당을 짓고
2 이스라엘 자손 총회에서 택함을 받은
자 곧 회중 가운데에서 이름 있는 지휘
관 이백오십 명과 함께 일어나서 모세
를 거스르니라

36

옷단 귀에 다는 술

37 ●

38

39

40

41

고라와 다단과 아비람의 반역

16

2

3 그들이 모여서 모세와 아론을 거슬러
그들에게 이르되 너희가 분수에 지나
도다 회중이 다 각각 거룩하고 여호와
께서도 그들 중에 계시거늘 너희가 어
찌하여 여호와의 총회 위에 스스로 높
이느냐
4 ●모세가 듣고 엎드렸다가
5 고라와 그의 모든 무리에게 말하여 이
르되 아침에 여호와께서 자기에게 속
한 자가 누구인지, 거룩한 자가 누구인
지 보이시고 그 사람을 자기에게 가까
이 나아오게 하시되 곧 그가 택하신 자
를 자기에게 가까이 나아오게 하시리
니
6 이렇게 하라 너 고라와 네 모든 무리는
향로를 가져다가
7 내일 여호와 앞에서 그 향로에 불을 담
고 그 위에 향을 두라 그 때에 여호와
께서 택하신 자는 거룩하게 되리라 레
위 자손들아 너희가 너무 분수에 지나
치느니라
8 모세가 또 고라에게 이르되 너희 레위
자손들아 들으라
9 이스라엘의 하나님이 이스라엘 회중에
서 너희를 구별하여 자기에게 가까이
하게 하사 여호와의 성막에서 봉사하
게 하시며 회중 앞에 서서 그들을 대신
하여 섬기게 하심이 너희에게 작은 일
이겠느냐
10 하나님이 너와 네 모든 형제 레위 자손
으로 너와 함께 가까이 오게 하셨거늘

3

4 ●

5

6

7

8

9

10

너희가 오히려 제사장의 직분을 구하
느냐
11 이를 위하여 너와 너의 무리가 다 모여
서 여호와를 거스르는도다 아론이 어
떠한 사람이기에 너희가 그를 원망하
느냐
12 ●모세가 엘리압의 아들 다단과 아비
람을 부르러 사람을 보냈더니 그들이
이르되 우리는 올라가지 않겠노라
13 네가 우리를 젖과 꿀이 흐르는 땅에서
이끌어 내어 광야에서 죽이려 함이 어
찌 작은 일이기에 오히려 스스로 우리
위에 왕이 되려 하느냐
14 이뿐 아니라 네가 우리를 젖과 꿀이 흐
르는 땅으로 인도하여 들이지도 아니
하고 밭도 포도원도 우리에게 기업으
로 주지 아니하니 네가 이 사람들의 눈
을 빼려느냐 우리는 올라가지 아니하
겠노라
15 ●모세가 심히 노하여 여호와께 여짜
오되 주는 그들의 헌물을 돌아보지 마
옵소서 나는 그들의 나귀 한 마리도 빼
앗지 아니하였고 그들 중의 한 사람도
해하지 아니하였나이다 하고
16 이에 모세가 고라에게 이르되 너와 너
의 온 무리는 아론과 함께 내일 여호와
앞으로 나아오되
17 너희는 제각기 향로를 들고 그 위에 향
을 얹고 각 사람이 그 향로를 여호와
앞으로 가져오라 향로는 모두 이백오
십 개라 너와 아론도 각각 향로를 가지

11

12 ●

13

14

15 ●

16

17

고 올지니라
18 그들이 제각기 향로를 가져다가 불을
담고 향을 그 위에 얹고 모세와 아론과
더불어 회막 문에 서니라
19 고라가 온 회중을 회막 문에 모아 놓고
그 두 사람을 대적하려 하매 여호와의
영광이 온 회중에게 나타나시니라
20 ●여호와께서 모세와 아론에게 말씀하
여 이르시되
21 너희는 이 회중에게서 떠나라 내가 순
식간에 그들을 멸하려 하노라
22 그 두 사람이 엎드려 이르되 하나님이
여 모든 육체의 생명의 하나님이여 한
사람이 범죄하였거늘 온 회중에게 진
노하시나이까
23 여호와께서 모세에게 말씀하여 이르시
되
24 회중에게 명령하여 이르기를 너희는
고라와 다단과 아비람의 장막 사방에
서 떠나라 하라
25 ●모세가 일어나 다단과 아비람에게로
가니 이스라엘 장로들이 따랐더라
26 모세가 회중에게 말하여 이르되 이 악
인들의 장막에서 떠나고 그들의 물건
은 아무 것도 만지지 말라 그들의 모든
죄중에서 너희도 멸망할까 두려워하노
라 하매
27 무리가 고라와 다단과 아비람의 장막
사방을 떠나고 다단과 아비람은 그들
의 처자와 유아들과 함께 나와서 자기
장막 문에 선지라

18

19

20 ●

21

22

23

24

25 ●

26

27

28 모세가 이르되 여호와께서 나를 보내
사 이 모든 일을 행하게 하신 것이요
나의 임의로 함이 아닌 줄을 이 일로
말미암아 알리라
29 곧 이 사람들의 죽음이 모든 사람과 같
고 그들이 당하는 벌이 모든 사람이 당
하는 벌과 같으면 여호와께서 나를 보
내심이 아니거니와
30 만일 여호와께서 새 일을 행하사 땅이
입을 열어 이 사람들과 그들의 모든 소
유물을 삼켜 산 채로 스올에 빠지게 하
시면 이 사람들이 과연 여호와를 멸시
한 것인 줄을 너희가 알리라
31 ●그가 이 모든 말을 마치자마자 그들
이 섰던 땅바닥이 갈라지니라
32 땅이 그 입을 열어 그들과 그들의 집과
고라에게 속한 모든 사람과 그들의 재
물을 삼키매
33 그들과 그의 모든 재물이 산 채로 스올
에 빠지며 땅이 그 위에 덮이니 그들이
회중 가운데서 망하니라
34 그 주위에 있는 온 이스라엘이 그들의
부르짖음을 듣고 도망하며 이르되 땅
이 우리도 삼킬까 두렵다 하였고
35 여호와께로부터 불이 나와서 분향하는
이백오십 명을 불살랐더라

향로

36 ●여호와께서 모세에게 말씀하여 이르
시되
37 너는 제사장 아론의 아들 엘르아살에
게 명령하여 붙는 불 가운데에서 향로

28

29

30

31 ●

32

33

34

35

향로

36 ●

37

를 가져다가 그 불을 다른 곳에 쏟으라
그 향로는 거룩함이니라
38 사람들은 범죄하여 그들의 생명을 스
스로 해하였거니와 그들이 향로를 여
호와 앞에 드렸으므로 그 향로가 거룩
하게 되었나니 그 향로를 쳐서 제단을
싸는 철판을 만들라 이스라엘 자손에
게 표가 되리라 하신지라
39 제사장 엘르아살이 불탄 자들이 드렸던
놋 향로를 가져다가 쳐서 제단을 싸서
40 이스라엘 자손의 기념물이 되게 하였
으니 이는 아론 자손이 아닌 다른 사람
은 여호와 앞에 분향하러 가까이 오지
못하게 함이며 또 고라와 그의 무리와
같이 되지 않게 하기 위함이라 여호와
께서 모세를 시켜 그에게 명령하신 대
로 하였더라

아론이 백성을 구하다

41 ●이튿날 이스라엘 자손의 온 회중이
모세와 아론을 원망하여 이르되 너희
가 여호와의 백성을 죽였도다 하고
42 회중이 모여 모세와 아론을 칠 때에 회
막을 바라본즉 구름이 회막을 덮었고
여호와의 영광이 나타났더라
43 모세와 아론이 회막 앞에 이르매
44 여호와께서 모세에게 말씀하여 이르시
되
45 너희는 이 회중에게서 떠나라 내가 순
식간에 그들을 멸하려 하노라 하시매
그 두 사람이 엎드리니라
46 이에 모세가 아론에게 이르되 너는 향

38

39

40

아론이 백성을 구하다

41 ●

42

43

44

45

46

로를 가져다가 제단의 불을 그것에 담
고 그 위에 향을 피워 가지고 급히 회
중에게로 가서 그들을 위하여 속죄하
라 여호와께서 진노하셨으므로 염병이
시작되었음이니라
47 아론이 모세의 명령을 따라 향로를 가
지고 회중에게로 달려간즉 백성 중에
염병이 시작되었는지라 이에 백성을
위하여 속죄하고
48 죽은 자와 산 자 사이에 섰을 때에 염
병이 그치니라
49 고라의 일로 죽은 자 외에 염병에 죽은
자가 만 사천칠백 명이었더라
50 염병이 그치매 아론이 회막 문 모세에
게로 돌아오니라

아론의 지팡이

17 여호와께서 모세에게 말씀하여
이르시되
2 너는 이스라엘 자손에게 말하여 그들
중에서 각 조상의 가문을 따라 지팡이
하나씩을 취하되 곧 그들의 조상의 가
문대로 그 모든 지휘관에게서 지팡이
열둘을 취하고 그 사람들의 이름을 각
각 그 지팡이에 쓰되
3 레위의 지팡이에는 아론의 이름을 쓰라
이는 그들의 조상의 가문의 각 수령이
지팡이 하나씩 있어야 할 것임이니라
4 그 지팡이를 회막 안에서 내가 너희와
만나는 곳인 증거궤 앞에 두라
5 내가 택한 자의 지팡이에는 싹이 나리
니 이것으로 이스라엘 자손이 너희에

47

48

49

50

아론의 지팡이

17

2

3

4

5

게 대하여 원망하는 말을 내 앞에서 그
치게 하리라
6 모세가 이스라엘 자손에게 말하매 그
들의 지휘관들이 각 지파대로 지팡이
하나씩을 그에게 주었으니 그 지팡이
가 모두 열둘이라 그 중에 아론의 지팡
이가 있었더라
7 모세가 그 지팡이들을 증거의 장막 안
여호와 앞에 두었더라
8 ●이튿날 모세가 증거의 장막에 들어
가 본즉 레위 집을 위하여 낸 아론의
지팡이에 움이 돋고 순이 나고 꽃이 피
어서 살구 열매가 열렸더라
9 모세가 그 지팡이 전부를 여호와 앞에
서 이스라엘 모든 자손에게로 가져오
매 그들이 보고 각각 자기 지팡이를 집
어들었더라
10 여호와께서 또 모세에게 이르시되 아
론의 지팡이는 증거궤 앞으로 도로 가
져다가 거기 간직하여 반역한 자에 대
한 표징이 되게 하여 그들로 내게 대한
원망을 그치고 죽지 않게 할지니라
11 모세가 곧 그 같이 하되 여호와께서 자
기에게 명령하신 대로 하였더라
12 ●이스라엘 자손이 모세에게 말하여
이르되 보소서 우리는 죽게 되었나이
다 망하게 되었나이다 다 망하게 되었
나이다
13 가까이 나아가는 자 곧 여호와의 성막
에 가까이 나아가는 자마다 다 죽사오
니 우리가 다 망하여야 하리이까

6

7

8 ●

9

10

11

12 ●

13

제사장과 레위인의 직무

18 여호와께서 아론에게 이르시되
너와 네 아들들과 네 조상의 가
문은 성소에 대한 죄를 함께 담당할
것이요 너와 네 아들들은 너희의 제사
장 직분에 대한 죄를 함께 담당할 것
이니라
2 너는 네 형제 레위 지파 곧 네 조상의
지파를 데려다가 너와 함께 있게 하여
너와 네 아들들이 증거의 장막 앞에 있
을 때 그들이 너를 돕게 하라
3 레위인은 네 직무와 장막의 모든 직무
를 지키려니와 성소의 기구와 제단에
는 가까이 하지 못하리니 두렵건대 그
들과 너희가 죽을까 하노라
4 레위인은 너와 합동하여 장막의 모든
일과 회막의 직무를 다할 것이요 다른
사람은 너희에게 가까이 하지 못할 것
이니라
5 이와 같이 너희는 성소의 직무와 제단
의 직무를 다하라 그리하면 여호와의
진노가 다시는 이스라엘 자손에게 미
치지 아니하리라
6 보라 내가 이스라엘 자손 중에서 너희
의 형제 레위인을 택하여 내게 돌리고
너희에게 선물로 주어 회막의 일을 하
게 하였나니
7 너와 네 아들들은 제단과 휘장 안의 모
든 일에 대하여 제사장의 직분을 지켜
섬기라 내가 제사장의 직분을 너희에
게 선물로 주었은즉 거기 가까이 하는

제사장과 레위인의 직무

18

2

3

4

5

6

7

외인은 죽임을 당할지니라

제사장의 몫

8 ●여호와께서 또 아론에게 이르시되
보라 내가 내 거제물 곧 이스라엘 자손
이 거룩하게 한 모든 헌물을 네가 주관
하게 하고 네가 기름 부음을 받았음으
로 말미암아 그것을 너와 네 아들들에
게 영구한 몫의 음식으로 주노라
9 지성물 중에 불사르지 아니한 것은 네
것이라 그들이 내게 드리는 모든 헌물
의 모든 소제와 속죄제와 속건제물은
다 지극히 거룩한즉 너와 네 아들들에
게 돌리리니
10 지극히 거룩하게 여김으로 먹으라 이
는 네게 성물인즉 남자들이 다 먹을지
니라
11 네게 돌릴 것은 이것이니 곧 이스라엘
자손이 드리는 거제물과 모든 요제물
이라 내가 그것을 너와 네 자녀에게 영
구한 몫의 음식으로 주었은즉 네 집의
정결한 자마다 먹을 것이니라
12 그들이 여호와께 드리는 첫 소산 곧 제
일 좋은 기름과 제일 좋은 포도주와 곡
식을 네게 주었은즉
13 그들이 여호와께 드리는 그 땅의 처음
익은 모든 열매는 네 것이니 네 집에서
정결한 자마다 먹을 것이라
14 이스라엘 중에서 특별히 드린 모든 것
은 네 것이 되리라
15 여호와께 드리는 모든 생물의 처음 나
는 것은 사람이나 짐승이나 다 네 것이

제사장의 몫

8 ●

9

10

11

12

13

14

15

로되 처음 태어난 사람은 반드시 대속
할 것이요 처음 태어난 부정한 짐승도
대속할 것이며
16 그 사람을 대속할 때에는 난 지 한 달
이후에 네가 정한 대로 성소의 세겔을
따라 은 다섯 세겔로 대속하라 한 세겔
은 이십 게라이니라
17 오직 처음 태어난 소나 처음 태어난 양
이나 처음 태어난 염소는 대속하지 말
지니 그것들은 거룩한즉 그 피는 제단
에 뿌리고 그 기름은 불살라 여호와께
향기로운 화제로 드릴 것이며
18 그 고기는 네게 돌릴지니 흔든 가슴과
오른쪽 넓적다리 같이 네게 돌릴 것이
니라
19 이스라엘 자손이 여호와께 거제로 드
리는 모든 성물은 내가 영구한 몫의 음
식으로 너와 네 자녀에게 주노니 이는
여호와 앞에 너와 네 후손에게 영원한
소금 언약이니라
20 여호와께서 또 아론에게 이르시되 너
는 이스라엘 자손의 땅에 기업도 없겠
고 그들 중에 아무 분깃도 없을 것이나
내가 이스라엘 자손 중에 네 분깃이요
네 기업이니라

레위인의 몫

21 ●내가 이스라엘의 십일조를 레위 자
손에게 기업으로 다 주어서 그들이 하
는 일 곧 회막에서 하는 일을 갚나니
22 이 후로는 이스라엘 자손이 회막에 가
까이 하지 말 것이라 죄값으로 죽을까

16

17

18

19

20

레위인의 몫

21 ●

22

하노라
23 그러나 레위인은 회막에서 봉사하며
자기들의 죄를 담당할 것이요 이스라
엘 자손 중에는 기업이 없을 것이니 이
는 너희 대대에 영원한 율례라
24 이스라엘 자손이 여호와께 거제로 드
리는 십일조를 레위인에게 기업으로
주었으므로 내가 그들에 대하여 말하
기를 이스라엘 자손 중에 기업이 없을
것이라 하였노라

레위인의 십일조

25 ●여호와께서 모세에게 말씀하여 이르
시되
26 너는 레위인에게 말하여 그에게 이르
라 내가 이스라엘 자손에게 받아 너희
에게 기업으로 준 십일조를 너희가 그
들에게서 받을 때에 그 십일조의 십일
조를 거제로 여호와께 드릴 것이라
27 내가 너희의 거제물을 타작 마당에서
드리는 곡물과 포도즙 틀에서 드리는
즙 같이 여기리니
28 너희는 이스라엘 자손에게서 받는 모
든 것의 십일조 중에서 여호와께 거제
로 드리고 여호와께 드린 그 거제물은
제사장 아론에게로 돌리되
29 너희가 받은 모든 헌물 중에서 너희는
그 아름다운 것 곧 거룩하게 한 부분을
가져다가 여호와께 거제로 드릴지니라
30 이러므로 너는 그들에게 이르라 너희
가 그 중에서 아름다운 것을 가져다가
드리고 남은 것은 너희 레위인에게는

23

24

레위인의 십일조

25 ●

26

27

28

29

30

타작 마당의 소출과 포도즙 틀의 소출
같이 되리니
31 너희와 너희의 권속이 어디서든지 이
것을 먹을 수 있음은 이는 회막에서 일
한 너희의 보수임이니라
32 너희가 그 중 아름다운 것을 받들어 드
린즉 이로 말미암아 죄를 담당하지 아
니할 것이라 너희는 이스라엘 자손의
성물을 더럽히지 말라 그리하여야 죽
지 아니하리라

붉은 암송아지의 재

19 여호와께서 모세와 아론에게 말
씀하여 이르시되
2 여호와께서 명령하시는 법의 율례를
이제 이르노니 이스라엘 자손에게 일
러서 온전하여 흠이 없고 아직 멍에 메
지 아니한 붉은 암송아지를 네게로 끌
어오게 하고
3 너는 그것을 제사장 엘르아살에게 줄
것이요 그는 그것을 진영 밖으로 끌어
내어서 자기 목전에서 잡게 할 것이며
4 제사장 엘르아살은 손가락에 그 피를
찍고 그 피를 회막 앞을 향하여 일곱
번 뿌리고
5 그 암소를 자기 목전에서 불사르게 하
되 그 가죽과 고기와 피와 똥을 불사르
게 하고
6 동시에 제사장은 백향목과 우슬초와
홍색 실을 가져다가 암송아지를 사르
는 불 가운데에 던질 것이며
7 제사장은 자기의 옷을 빨고 물로 몸을

31
32

붉은 암송아지의 재

19
2
3
4
5
6
7

씻은 후에 진영에 들어갈 것이라 그는
저녁까지 부정하리라
8 송아지를 불사른 자도 자기의 옷을 물
로 빨고 물로 그 몸을 씻을 것이라 그
도 저녁까지 부정하리라
9 이에 정결한 자가 암송아지의 재를 거
두어 진영 밖 정한 곳에 둘지니 이것은
이스라엘 자손 회중을 위하여 간직하
였다가 부정을 씻는 물을 위해 간직할
지니 그것은 속죄제니라
10 암송아지의 재를 거둔 자도 자기의 옷
을 빨 것이며 저녁까지 부정하리라 이
는 이스라엘 자손과 그중에 거류하는
외인에게 영원한 율례니라

시체를 만진 자

11 ●사람의 시체를 만진 자는 이레 동안
부정하리니
12 그는 셋째 날과 일곱째 날에 잿물로 자
신을 정결하게 할 것이라 그리하면 정
하려니와 셋째 날과 일곱째 날에 자신
을 정결하게 하지 아니하면 그냥 부정
하니
13 누구든지 죽은 사람의 시체를 만지고
자신을 정결하게 하지 아니하는 자는
여호와의 성막을 더럽힘이라 그가 이
스라엘에서 끊어질 것은 정결하게 하
는 물을 그에게 뿌리지 아니하므로 깨
끗하게 되지 못하고 그 부정함이 그대
로 있음이니라
14 ●장막에서 사람이 죽을 때의 법은 이
러하니 누구든지 그 장막에 들어가는

8
9
10
시체를 만진 자
11 ●
12
13
14 ●

자와 그 장막에 있는 자가 이레 동안
부정할 것이며
15 뚜껑을 열어 놓고 덮지 아니한 그릇은
모두 부정하니라
16 누구든지 들에서 칼에 죽은 자나 시체
나 사람의 뼈나 무덤을 만졌으면 이레
동안 부정하리니
17 그 부정한 자를 위하여 죄를 깨끗하게
하려고 불사른 재를 가져다가 흐르는
물과 함께 그릇에 담고
18 정결한 자가 우슬초를 가져다가 그 물
을 찍어 장막과 그 모든 기구와 거기
있는 사람들에게 뿌리고 또 뼈나 죽임
을 당한 자나 시체나 무덤을 만진 자에
게 뿌리되
19 그 정결한 자가 셋째 날과 일곱째 날에
그 부정한 자에게 뿌려서 일곱째 날에
그를 정결하게 할 것이며 그는 자기 옷
을 빨고 물로 몸을 씻을 것이라 저녁이
면 정결하리라
20 ●사람이 부정하고도 자신을 정결하게
하지 아니하면 여호와의 성소를 더럽
힘이니 그러므로 회중 가운데에서 끊
어질 것이니라 그는 정결하게 하는 물
로 뿌림을 받지 아니하였은즉 부정하
니라
21 이는 그들의 영구한 율례니라 정결하
게 하는 물을 뿌린 자는 자기의 옷을
빨 것이며 정결하게 하는 물을 만지는
자는 저녁까지 부정할 것이며
22 부정한 자가 만진 것은 무엇이든지 부

15

16

17

18

19

20 ●

21

22

정할 것이며 그것을 만지는 자도 저녁
까지 부정하리라

가데스의 다툼과 므리바 물

20 첫째 달에 이스라엘 자손 곧 온
회중이 신 광야에 이르러 백성
이 가데스에 머물더니 미리암이 거기
서 죽으매 거기에 장사되니라
2 ●회중이 물이 없으므로 모세와 아론
에게로 모여드니라
3 백성이 모세와 다투어 말하여 이르되
우리 형제들이 여호와 앞에서 죽을 때
에 우리도 죽었더라면 좋을 뻔하였도다
4 너희가 어찌하여 여호와의 회중을 이
광야로 인도하여 우리와 우리 짐승이
다 여기서 죽게 하느냐
5 너희가 어찌하여 우리를 애굽에서 나
오게 하여 이 나쁜 곳으로 인도하였느
냐 이 곳에는 파종할 곳이 없고 무화과
도 없고 포도도 없고 석류도 없고 마실
물도 없도다
6 모세와 아론이 회중 앞을 떠나 회막 문
에 이르러 엎드리매 여호와의 영광이
그들에게 나타나며
7 여호와께서 모세에게 말씀하여 이르시
되
8 지팡이를 가지고 네 형 아론과 함께 회
중을 모으고 그들의 목전에서 너희는
반석에게 명령하여 물을 내라 하라 네
가 그 반석이 물을 내게 하여 회중과
그들의 짐승에게 마시게 할지니라
9 모세가 그 명령대로 여호와 앞에서 지

가데스의 다툼과 므리바 물

20

2 ●

3

4

5

6

7

8

9

팡이를 잡으니라
10 ●모세와 아론이 회중을 그 반석 앞에
모으고 모세가 그들에게 이르되 반역
한 너희여 들으라 우리가 너희를 위하
여 이 반석에서 물을 내랴 하고
11 모세가 그의 손을 들어 그의 지팡이로
반석을 두 번 치니 물이 많이 솟아나오
므로 회중과 그들의 짐승이 마시니라
12 여호와께서 모세와 아론에게 이르시되
너희가 나를 믿지 아니하고 이스라엘
자손의 목전에서 내 거룩함을 나타내
지 아니한 고로 너희는 이 회중을 내가
그들에게 준 땅으로 인도하여 들이지
못하리라 하시니라
13 이스라엘 자손이 여호와와 다투었으므
로 이를 므리바 물이라 하니라 여호와
께서 그들 중에서 그 거룩함을 나타내
셨더라

에돔이 이스라엘이 지나감을 거절하다

14 ●모세가 가데스에서 에돔 왕에게 사
신을 보내며 이르되 당신의 형제 이스
라엘의 말에 우리가 당한 모든 고난을
당신도 아시거니와
15 우리 조상들이 애굽으로 내려갔으므로
우리가 애굽에 오래 거주하였더니 애
굽인이 우리 조상들과 우리를 학대하
였으므로
16 우리가 여호와께 부르짖었더니 우리
소리를 들으시고 천사를 보내사 우리
를 애굽에서 인도하여 내셨나이다 이
제 우리가 당신의 변방 모퉁이 한 성읍

10 ●

11

12

13

에돔이 이스라엘이 지나감을 거절하다

14 ●

15

16

가데스에 있사오니
17 청하건대 우리에게 당신의 땅을 지나
가게 하소서 우리가 밭으로나 포도원
으로 지나가지 아니하고 우물물도 마
시지 아니하고 왕의 큰길로만 지나가
고 당신의 지경에서 나가기까지 왼쪽
으로나 오른쪽으로나 치우치지 아니하
리이다 한다고 하라 하였더니
18 에돔 왕이 대답하되 너는 우리 가운데
로 지나가지 못하리라 내가 칼을 들고
나아가 너를 대적할까 하노라
19 이스라엘 자손이 이르되 우리가 큰길
로만 지나가겠고 우리나 우리 짐승이
당신의 물을 마시면 그 값을 낼 것이라
우리가 도보로 지나갈 뿐인즉 아무 일
도 없으리이다 하나
20 그는 이르되 너는 지나가지 못하리라
하고 에돔 왕이 많은 백성을 거느리고
나와서 강한 손으로 막으니
21 에돔 왕이 이같이 이스라엘이 그의 영
토로 지나감을 용납하지 아니하므로
이스라엘이 그들에게서 돌이키니라

아론의 죽음

22 ●이스라엘 자손 곧 온 회중이 가데스
를 떠나 호르 산에 이르렀더니
23 여호와께서 에돔 땅 변경 호르 산에서
모세와 아론에게 말씀하시니라 이르시
되
24 아론은 그 조상들에게로 돌아가고 내
가 이스라엘 자손에게 준 땅에는 들어
가지 못하리니 이는 너희가 므리바 물

17
18
19
20
21
아론의 죽음
22 ●
23
24

에서 내 말을 거역한 까닭이니라
25 너는 아론과 그의 아들 엘르아살을 데
리고 호르 산에 올라
26 아론의 옷을 벗겨 그의 아들 엘르아살
에게 입히라 아론은 거기서 죽어 그 조
상에게로 돌아가리라
27 모세가 여호와의 명령을 따라 그들과
함께 회중의 목전에서 호르 산에 오르
니라
28 모세가 아론의 옷을 벗겨 그의 아들 엘
르아살에게 입히매 아론이 그 산 꼭대
기에서 죽으니라 모세와 엘르아살이
산에서 내려오니
29 온 회중 곧 이스라엘 온 족속이 아론이
죽은 것을 보고 그를 위하여 삼십 일
동안 애곡하였더라

호르마를 점령하다

21 네겝에 거주하는 가나안 사람 곧
아랏의 왕이 이스라엘이 아다림
길로 온다 함을 듣고 이스라엘을 쳐서
그 중 몇 사람을 사로잡은지라
2 이스라엘이 여호와께 서원하여 이르되
주께서 만일 이 백성을 내 손에 넘기시
면 내가 그들의 성읍을 다 멸하리이다
3 여호와께서 이스라엘의 목소리를 들으
시고 가나안 사람을 그들의 손에 넘기
시매 그들과 그들의 성읍을 다 멸하니
라 그러므로 그 곳 이름을 호르마라 하
였더라

놋뱀으로 백성을 구하다

4 ● 백성이 호르 산에서 출발하여 홍해

25

26

27

28

29

호르마를 점령하다

21

2

3

놋뱀으로 백성을 구하다

4 ●

길을 따라 에돔 땅을 우회하려 하였다
가 길로 말미암아 백성의 마음이 상하
니라
5 백성이 하나님과 모세를 향하여 원망
하되 어찌하여 우리를 애굽에서 인도
해 내어 이 광야에서 죽게 하는가 이
곳에는 먹을 것도 없고 물도 없도다 우
리 마음이 이 하찮은 음식을 싫어하노
라 하매
6 여호와께서 불뱀들을 백성 중에 보내
어 백성을 물게 하시므로 이스라엘 백
성 중에 죽은 자가 많은지라
7 백성이 모세에게 이르러 말하되 우리
가 여호와와 당신을 향하여 원망함으
로 범죄하였사오니 여호와께 기도하여
이 뱀들을 우리에게서 떠나게 하소서
모세가 백성을 위하여 기도하매
8 여호와께서 모세에게 이르시되 불뱀을
만들어 장대 위에 매달아라 물린 자마
다 그것을 보면 살리라
9 모세가 놋뱀을 만들어 장대 위에 다니
뱀에게 물린 자가 놋뱀을 쳐다본즉 모
두 살더라

이스라엘 자손이 모입으로 떠나다

10 ●이스라엘 자손이 그 곳을 떠나 오봇
에 진을 쳤고
11 오봇을 떠나 모압 앞쪽 해 돋는 쪽 광
야 이예아바림에 진을 쳤고
12 거기를 떠나 세렛 골짜기에 진을 쳤고
13 거기를 떠나 아모리인의 영토에서 흘러
나와서 광야에 이른 아르논 강 건너편

5

6

7

8

9

이스라엘 자손이 모압으로 떠나다

10 ●

11

12

13

에 진을 쳤으니 아르논은 모압과 아모
리 사이에서 모압의 경계가 된 곳이라
14 이러므로 여호와의 전쟁기에 일렀으되
수바의 와헙과 아르논 골짜기와
15 모든 골짜기의 비탈은 아르 고을을
향하여 기울어지고 모압의 경계에
닿았도다
하였더라
16 거기서 브엘에 이르니 브엘은 여호와
께서 모세에게 명령하시기를 백성을
모으라 내가 그들에게 물을 주리라 하
시던 우물이라
17 그 때에 이스라엘이 노래하여 이르되
우물물아 솟아나라 너희는 그것을
노래하라
18 이 우물은 지휘관들이 팠고 백성의
귀인들이 규와 지팡이로 판 것이로
다
하였더라 그들은 광야에서 맛다나에
이르렀고
19 맛다나에서 나할리엘에 이르렀고 나할
리엘에서 바못에 이르렀고
20 바못에서 모압 들에 있는 골짜기에 이
르러 광야가 내려다 보이는 비스가 산
꼭대기에 이르렀더라

요단 동쪽을 점령하다

21 ●이스라엘이 아모리 왕 시혼에게 사
신을 보내어 이르되
22 우리에게 당신의 땅을 지나가게 하소
서 우리가 밭에든지 포도원에든지 들
어가지 아니하며 우물물도 마시지 아

14
15
16
17
18
19
20

요단 동쪽을 점령하다

21 ●
22

니하고 당신의 지경에서 다 나가기까
지 왕의 큰길로만 지나가리이다 하나
23 시혼이 이스라엘이 자기 영토로 지나감
을 용납하지 아니하고 그의 백성을 다
모아 이스라엘을 치러 광야로 나와서
야하스에 이르러 이스라엘을 치므로
24 이스라엘이 칼날로 그들을 쳐서 무찌
르고 그 땅을 아르논에서부터 얍복까
지 점령하여 암몬 자손에게까지 미치
니 암몬 자손의 경계는 견고하더라
25 이스라엘이 이같이 그 모든 성읍을 빼
앗고 그 아모리인의 모든 성읍 헤스본
과 그 모든 촌락에 거주하였으니
26 헤스본은 아모리인의 왕 시혼의 도성
이라 시혼이 그 전 모압 왕을 치고 그
의 모든 땅을 아르논까지 그의 손에서
빼앗았더라
27 그러므로 시인이 읊어 이르되
너희는 헤스본으로 올지어다 시혼의
성을 세워 견고히 할지어다
28 헤스본에서 불이 나오며 시혼의 성
에서 화염이 나와서 모압의 아르를
삼키며 아르논 높은 곳의 주인을 멸
하였도다
29 모압아 네가 화를 당하였도다 그모
스의 백성아 네가 멸망하였도다 그
가 그의 아들들을 도망하게 하였고
그의 딸들을 아모리인의 왕 시혼의
포로가 되게 하였도다
30 우리가 그들을 쏘아서 헤스본을 디
본까지 멸하였고 메드바에 가까운

23

24

25

26

27

28

29

30

노바까지 황폐하게 하였도다
하였더라
31 이스라엘이 아모리인의 땅에 거주하였
더니
32 모세가 또 사람을 보내어 야셀을 정탐
하게 하고 그 촌락들을 빼앗고 그 곳에
있던 아모리인을 몰아 내었더라
33 ●그들이 돌이켜 바산 길로 올라가매
바산 왕 옥이 그의 백성을 다 거느리고
나와서 그들을 맞아 에드레이에서 싸
우려 하는지라
34 여호와께서 모세에게 이르시되 그를
두려워하지 말라 내가 그와 그의 백성
과 그의 땅을 네 손에 넘겼나니 너는
헤스본에 거주하던 아모리인의 왕 시
혼에게 행한 것 같이 그에게도 행할지
니라
35 이에 그와 그의 아들들과 그의 백성을
다 쳐서 한 사람도 남기지 아니하고 그
의 땅을 점령하였더라

모압의 왕이 발람을 불러오다

22 이스라엘 자손이 또 길을 떠나
모압 평지에 진을 쳤으니 요단
건너편 곧 여리고 맞은편이더라
2 ●십볼의 아들 발락이 이스라엘이 아
모리인에게 행한 모든 일을 보았으므
로
3 모압이 심히 두려워하였으니 이스라엘
백성이 많음으로 말미암아 모압이 이
스라엘 자손 때문에 번민하더라
4 미디안 장로들에게 이르되 이제 이 무

31

32

33 ●

34

35

모압의 왕이 발람을 불러오다

22

2 ●

3

4

리가 소가 밭의 풀을 뜯어먹음 같이 우
리 사방에 있는 것을 다 뜯어먹으리로
다 하니 그 때에 십볼의 아들 발락이
모압 왕이었더라
5 그가 사신을 브올의 아들 발람의 고향
인 강 가 브돌에 보내어 발람을 부르게
하여 이르되 보라 한 민족이 애굽에서
나왔는데 그들이 지면에 덮여서 우리
맞은편에 거주하였고
6 우리보다 강하니 청하건대 와서 나를
위하여 이 백성을 저주하라 내가 혹 그
들을 쳐서 이겨 이 땅에서 몰아내리라
그대가 복을 비는 자는 복을 받고 저주
하는 자는 저주를 받을 줄을 내가 앎이
니라
7 ●모압 장로들과 미디안 장로들이 손
에 복채를 가지고 떠나 발람에게 이르
러 발락의 말을 그에게 전하매
8 발람이 그들에게 이르되 이 밤에 여기
서 유숙하라 여호와께서 내게 이르시
는 대로 너희에게 대답하리라 모압 귀
족들이 발람에게서 유숙하니라
9 하나님이 발람에게 임하여 말씀하시되
너와 함께 있는 이 사람들이 누구냐
10 발람이 하나님께 아뢰되 모압 왕 십볼
의 아들 발락이 내게 보낸 자들이니이
다 이르기를
11 보라 애굽에서 나온 민족이 지면에 덮
였으니 이제 와서 나를 위하여 그들을
저주하라 내가 혹 그들을 쳐서 몰아낼
수 있으리라 하나이다

12 하나님이 발람에게 이르시되 너는 그
들과 함께 가지도 말고 그 백성을 저주
하지도 말라 그들은 복을 받은 자들이
니라
13 발람이 아침에 일어나서 발락의 귀족
들에게 이르되 너희는 너희의 땅으로
돌아가라 여호와께서 내가 너희와 함
께 가기를 허락하지 아니하시느니라
14 모압 귀족들이 일어나 발락에게로 가
서 전하되 발람이 우리와 함께 오기를
거절하더이다
15 ●발락이 다시 그들보다 더 높은 고관
들을 더 많이 보내매
16 그들이 발람에게로 나아가서 그에게
이르되 십볼의 아들 발락의 말씀에 청
하건대 아무것에도 거리끼지 말고 내
게로 오라
17 내가 그대를 높여 크게 존귀하게 하고
그대가 내게 말하는 것은 무엇이든지
시행하리니 청하건대 와서 나를 위하
여 이 백성을 저주하라 하시더이다
18 발람이 발락의 신하들에게 대답하여
이르되 발락이 그 집에 가득한 은금을
내게 줄지라도 내가 능히 여호와 내 하
나님의 말씀을 어겨 덜하거나 더하지
못하겠노라
19 그런즉 이제 너희도 이 밤에 여기서 유
숙하라 여호와께서 내게 무슨 말씀을
더하실는지 알아보리라
20 밤에 하나님이 발람에게 임하여 이르
시되 그 사람들이 너를 부르러 왔거든

12

13

14

15 ●

16

17

18

19

20

일어나 함께 가라 그러나 내가 네게 이
르는 말만 준행할지니라

발람과 그 나귀

21 ●발람이 아침에 일어나서 자기 나귀
에 안장을 지우고 모압 고관들과 함께
가니
22 그가 감으로 말미암아 하나님이 진노
하시므로 여호와의 사자가 그를 막으
려고 길에 서니라 발람은 자기 나귀를
탔고 그의 두 종은 그와 함께 있더니
23 나귀가 여호와의 사자가 칼을 빼어 손
에 들고 길에 선 것을 보고 길에서 벗
어나 밭으로 들어간지라 발람이 나귀
를 길로 돌이키려고 채찍질하니
24 여호와의 사자는 포도원 사이 좁은 길
에 섰고 좌우에는 담이 있더라
25 나귀가 여호와의 사자를 보고 몸을 담
에 대고 발람의 발을 그 담에 짓누르매
발람이 다시 채찍질하니
26 여호와의 사자가 더 나아가서 좌우로
피할 데 없는 좁은 곳에 선지라
27 나귀가 여호와의 사자를 보고 발람 밑
에 엎드리니 발람이 노하여 자기 지팡
이로 나귀를 때리는지라
28 여호와께서 나귀 입을 여시니 발람에
게 이르되 내가 당신에게 무엇을 하였
기에 나를 이같이 세 번을 때리느냐
29 발람이 나귀에게 말하되 네가 나를 거
역하기 때문이니 내 손에 칼이 있었더
면 곧 너를 죽였으리라
30 나귀가 발람에게 이르되 나는 당신이

발람과 그 나귀

21 ●

22

23

24

25

26

27

28

29

30

오늘까지 당신의 일생 동안 탄 나귀가
아니냐 내가 언제 당신에게 이같이 하
는 버릇이 있었더냐 그가 말하되 없었
느니라
31 ●그 때에 여호와께서 발람의 눈을 밝
히시매 여호와의 사자가 손에 칼을 빼
들고 길에 선 것을 그가 보고 머리를
숙이고 엎드리니
32 여호와의 사자가 그에게 이르되 너는
어찌하여 네 나귀를 이같이 세 번 때렸
느냐 보라 내 앞에서 네 길이 사악하므
로 내가 너를 막으려고 나왔더니
33 나귀가 나를 보고 이같이 세 번을 돌이
켜 내 앞에서 피하였느니라 나귀가 만
일 돌이켜 나를 피하지 아니하였더면
내가 벌써 너를 죽이고 나귀는 살렸으
리라
34 발람이 여호와의 사자에게 말하되 내
가 범죄하였나이다 당신이 나를 막으
려고 길에 서신 줄을 내가 알지 못하였
나이다 당신이 이를 기뻐하지 아니하
시면 나는 돌아가겠나이다
35 여호와의 사자가 발람에게 이르되 그
사람들과 함께 가라 내가 네게 이르는
말만 말할지니라 발람이 발락의 고관
들과 함께 가니라

발락이 발람을 대접하다

36 ●발락은 발람이 온다 함을 듣고 모압
변경의 끝 아르논 가에 있는 성읍까지
가서 그를 영접하고
37 발락은 발람에게 이르되 내가 특별히

31 ●

32

33

34

35

발락이 발람을 대접하다

36 ●

37

사람을 보내어 그대를 부르지 아니하
였느냐 그대가 어찌 내게 오지 아니하
였느냐 내가 어찌 그대를 높여 존귀하
게 하지 못하겠느냐
38 발람이 발락에게 이르되 내가 오기는
하였으나 무엇을 말할 능력이 있으리
이까 하나님이 내 입에 주시는 말씀 그
것을 말할 뿐이니이다
39 발람이 발락과 동행하여 기럇후솟에
이르러서는
40 발락이 소와 양을 잡아 발람과 그와 함
께 한 고관들을 대접하였더라

발람의 첫번째 예언

41 ●아침에 발락이 발람과 함께 하고 그
를 인도하여 바알의 산당에 오르매 발
람이 거기서 이스라엘 백성의 진 끝까
지 보니라
23 발람이 발락에게 이르되 나를
위하여 여기 제단 일곱을 쌓고
거기 수송아지 일곱 마리와 숫양 일곱
마리를 준비하소서 하매
2 발락이 발람의 말대로 준비한 후에 발
락과 발람이 제단에 수송아지와 숫양
을 드리니라
3 발람이 발락에게 이르되 당신의 번제물
곁에 서소서 나는 저리로 가리이다 여
호와께서 혹시 오셔서 나를 만나시리니
그가 내게 지시하시는 것은 다 당신에
게 알리리이다 하고 언덕길로 가니
4 하나님이 발람에게 임하시는지라 발람
이 아뢰되 내가 일곱 제단을 쌓고 각

38

39

40

발람의 첫번째 예언

41 ●

23

2

3

4

제단에 수송아지와 숫양을 드렸나이다
5 여호와께서 발람의 입에 말씀을 주시
며 이르시되 발락에게 돌아가서 이렇
게 말할지니라
6 그가 발락에게로 돌아간즉 발락과 모
압의 모든 고관이 번제물 곁에 함께 섰
더라
7 발람이 예언을 전하여 말하되
발락이 나를 아람에서, 모압 왕이 동
쪽 산에서 데려다가 이르기를 와서
나를 위하여 야곱을 저주하라, 와서
이스라엘을 꾸짖으라 하도다
8 하나님이 저주하지 않으신 자를 내
가 어찌 저주하며 여호와께서 꾸짖
지 않으신 자를 내가 어찌 꾸짖으랴
9 내가 바위 위에서 그들을 보며 작은
산에서 그들을 바라보니 이 백성은
홀로 살 것이라 그를 여러 민족 중의
하나로 여기지 않으리로다
10 야곱의 티끌을 누가 능히 세며 이스
라엘 사분의 일을 누가 능히 셀고 나
는 의인의 죽음을 죽기 원하며 나의
종말이 그와 같기를 바라노라
하매
11 발락이 발람에게 이르되 그대가 어찌
내게 이같이 행하느냐 나의 원수를 저
주하라고 그대를 데려왔거늘 그대가
오히려 축복하였도다
12 발람이 대답하여 이르되 여호와께서
내 입에 주신 말씀을 내가 어찌 말하지
아니할 수 있으리이까

5

6

7

8

9

10

11

12

발람의 두 번째 예언

13 ●발락이 말하되 나와 함께 그들을 달
리 볼 곳으로 가자 거기서는 그들을 다
보지 못하고 그들의 끝만 보리니 거기
서 나를 위하여 그들을 저주하라 하고
14 소빔 들로 인도하여 비스가 꼭대기에
이르러 일곱 제단을 쌓고 각 제단에 수
송아지와 숫양을 드리니
15 발람이 발락에게 이르되 내가 저기서
여호와를 만나뵐 동안에 여기 당신의
번제물 곁에 서소서 하니라
16 여호와께서 발람에게 임하사 그의 입
에 말씀을 주시며 이르시되 발락에게
로 돌아가서 이렇게 말할지니라
17 발람이 가서 본즉 발락이 번제물 곁에
섰고 모압 고관들이 함께 있더라 발락
이 발람에게 이르되 여호와께서 무슨
말씀을 하시더냐
18 발람이 예언하여 이르기를
발락이여 일어나 들을지어다 십볼의
아들이여 내게 자세히 들으라
19 하나님은 사람이 아니시니 거짓말을
하지 않으시고 인생이 아니시니 후
회가 없으시도다 어찌 그 말씀하신
바를 행하지 않으시며 하신 말씀을
실행하지 않으시랴
20 내가 축복할 것을 받았으니 그가 주
신 복을 내가 돌이키지 않으리라
21 야곱의 허물을 보지 아니하시며 이
스라엘의 반역을 보지 아니하시는도
다 여호와 그들의 하나님이 그들과

발람의 두 번째 예언

13 ●

14

15

16

17

18

19

20

21

함께 계시니 왕을 부르는 소리가 그
중에 있도다
22 하나님이 그들을 애굽에서 인도하여
내셨으니 그의 힘이 들소와 같도다
23 야곱을 해할 점술이 없고 이스라엘
을 해할 복술이 없도다 이 때에 야곱
과 이스라엘에 대하여 논할진대 하
나님께서 행하신 일이 어찌 그리 크
냐 하리로다
24 이 백성이 암사자 같이 일어나고 수
사자 같이 일어나서 움킨 것을 먹으
며 죽인 피를 마시기 전에는 눕지 아
니하리로다
하매
25 발락이 발람에게 이르되 그들을 저주
하지도 말고 축복하지도 말라
26 발람이 발락에게 대답하여 이르되 내
가 당신에게 말하여 이르기를 여호와
께서 말씀하신 것은 내가 그대로 하지
않을 수 없다고 하지 아니하더이까

발람의 세 번째 예언

27 ●발락이 발람에게 또 이르되 오라 내
가 너를 다른 곳으로 인도하리니 네가
거기서 나를 위하여 그들을 저주하기
를 하나님이 혹시 기뻐하시리라 하고
28 발락이 발람을 인도하여 광야가 내려
다 보이는 브올 산 꼭대기에 이르니
29 발람이 발락에게 이르되 나를 위하여
여기 일곱 제단을 쌓고 거기 수송아지
일곱 마리와 숫양 일곱 마리를 준비하
소서

22

23

24

25

26

발람의 세 번째 예언

27 ●

28

29

30 발락이 발람의 말대로 행하여 각 제단
에 수송아지와 숫양을 드리니라

24 발람이 자기가 이스라엘을 축복
하는 것을 여호와께서 선히 여
기심을 보고 전과 같이 점술을 쓰지 아
니하고 그의 낯을 광야로 향하여
2 눈을 들어 이스라엘이 그 지파대로 천
막 친 것을 보는데 그 때에 하나님의 영
이 그 위에 임하신지라
3 그가 예언을 전하여 말하되
브올의 아들 발람이 말하며 눈을 감
았던 자가 말하며
4 하나님의 말씀을 듣는 자, 전능자의
환상을 보는 자, 엎드려서 눈을 뜬
자가 말하기를
5 야곱이여 네 장막들이, 이스라엘이
여 네 거처들이 어찌 그리 아름다운
고
6 그 벌어짐이 골짜기 같고 강 가의 동
산 같으며 여호와께서 심으신 침향
목들 같고 물 가의 백향목들 같도다
7 그 물통에서는 물이 넘치겠고 그 씨
는 많은 물 가에 있으리로다 그의 왕
이 아각보다 높으니 그의 나라가 흥
왕하리로다
8 하나님이 그를 애굽에서 인도하여
내셨으니 그 힘이 들소와 같도다 그
의 적국을 삼키고 그들의 뼈를 꺾으
며 화살로 쏘아 꿰뚫으리로다
9 꿇어 앉고 누움이 수사자와 같고 암
사자와도 같으니 일으킬 자 누구이

30

24

2

3

4

5

6

7

8

9

랴 너를 축복하는 자마다 복을 받을
것이요 너를 저주하는 자마다 저주
를 받을지로다

발람의 마지막 예언

10 ●발락이 발람에게 노하여 손뼉을 치
며 말하되 내가 그대를 부른 것은 내
원수를 저주하라는 것이어늘 그대가
이같이 세 번 그들을 축복하였도다
11 그러므로 그대는 이제 그대의 곳으로
달아나라 내가 그대를 높여 심히 존귀
하게 하기로 뜻하였더니 여호와께서
그대를 막아 존귀하지 못하게 하셨도
다
12 발람이 발락에게 이르되 당신이 내게
보낸 사신들에게 내가 말하여 이르지
아니하였나이까
13 가령 발락이 그 집에 가득한 은금을 내
게 줄지라도 나는 여호와의 말씀을 어
기고 선악간에 내 마음대로 행하지 못
하고 여호와께서 말씀하신 대로 말하
리라 하지 아니하였나이까
14 이제 나는 내 백성에게로 돌아가거니
와 들으소서 내가 이 백성이 후일에 당
신의 백성에게 어떻게 할지를 당신에
게 말하리이다 하고
15 예언하여 이르기를
브올의 아들 발람이 말하며 눈을 감
았던 자가 말하며
16 하나님의 말씀을 듣는 자가 말하며
지극히 높으신 자의 지식을 아는 자,
전능자의 환상을 보는 자, 엎드려서

발람의 마지막 예언

10 ●

11

12

13

14

15

16

눈을 뜬 자가 말하기를
17 내가 그를 보아도 이 때의 일이 아니
며 내가 그를 바라보아도 가까운 일
이 아니로다 한 별이 야곱에게서 나
오며 한 규가 이스라엘에게서 일어
나서 모압을 이쪽에서 저쪽까지 쳐
서 무찌르고 또 셋의 자식들을 다 멸
하리로다
18 그의 원수 에돔은 그들의 유산이 되
며 그의 원수 세일도 그들의 유산이
되고 그와 동시에 이스라엘은 용감
히 행동하리로다
19 주권자가 야곱에게서 나서 남은 자
들을 그 성읍에서 멸절하리로다
하고
20 또 아말렉을 바라보며 예언하여 이르
기를
아말렉은 민족들의 으뜸이나 그의
종말은 멸망에 이르리로다
하고
21 또 겐 족속을 바라보며 예언하여 이르
기를
네 거처가 견고하고 네 보금자리는
바위에 있도다
22 그러나 가인이 쇠약하리니 나중에는
앗수르의 포로가 되리로다
하고
23 또 예언하여 이르기를
슬프다 하나님이 이 일을 행하시리
니 그 때에 살 자가 누구이랴
24 깃딤 해변에서 배들이 와서 앗수르

17

18

19

20

21

22

23

24

를 학대하며 에벨을 괴롭힐 것이나
그도 멸망하리로다
하고
25 발람이 일어나 자기 곳으로 돌아가고
발락도 자기 길로 갔더라

브올에서 생긴 일

25 이스라엘이 싯딤에 머물러 있더
니 그 백성이 모압 여자들과 음
행하기를 시작하니라
2 그 여자들이 자기 신들에게 제사할 때
에 이스라엘 백성을 청하매 백성이 먹
고 그들의 신들에게 절하므로
3 이스라엘이 바알브올에게 가담한지라
여호와께서 이스라엘에게 진노하시니
라
4 여호와께서 모세에게 이르시되 백성의
수령들을 잡아 태양을 향하여 여호와
앞에 목매어 달라 그리하면 여호와의
진노가 이스라엘에게서 떠나리라
5 모세가 이스라엘 재판관들에게 이르되
너희는 각각 바알브올에게 가담한 사
람들을 죽이라 하니라
6 ●이스라엘 자손의 온 회중이 회막 문
에서 울 때에 이스라엘 자손 한 사람이
모세와 온 회중의 눈앞에 미디안의 한
여인을 데리고 그의 형제에게로 온지
라
7 제사장 아론의 손자 엘르아살의 아들
비느하스가 보고 회중 가운데에서 일
어나 손에 창을 들고
8 그 이스라엘 남자를 따라 그의 막사에

25

브올에서 생긴 일

25

2

3

4

5

6 ●

7

8

들어가 이스라엘 남자와 그 여인의 배
를 꿰뚫어서 두 사람을 죽이니 염병이
이스라엘 자손에게서 그쳤더라
9 그 염병으로 죽은 자가 이만 사천 명이
었더라
10 ●여호와께서 모세에게 말씀하여 이르
시되
11 제사장 아론의 손자 엘르아살의 아들
비느하스가 내 질투심으로 질투하여
이스라엘 자손 중에서 내 노를 돌이켜
서 내 질투심으로 그들을 소멸하지 않
게 하였도다
12 그러므로 말하라 내가 그에게 내 평화
의 언약을 주리니
13 그와 그의 후손에게 영원한 제사장 직
분의 언약이라 그가 그의 하나님을 위
하여 질투하여 이스라엘 자손을 속죄
하였음이니라
14 ●죽임을 당한 이스라엘 남자 곧 미디
안 여인과 함께 죽임을 당한 자의 이름
은 시므리니 살루의 아들이요 시므온
인의 조상의 가문 중 한 지도자이며
15 죽임을 당한 미디안 여인의 이름은 고
스비이니 수르의 딸이라 수르는 미디
안 백성의 한 조상의 가문의 수령이었
더라
16 ●여호와께서 모세에게 말씀하여 이르
시되
17 미디안인들을 대적하여 그들을 치라
18 이는 그들이 속임수로 너희를 대적하
되 브올의 일과 미디안 지휘관의 딸 곧

9

10 ●

11

12

13

14 ●

15

16 ●

17

18

브올의 일로 염병이 일어난 날에 죽임
을 당한 그들의 자매 고스비의 사건으
로 너희를 유혹하였음이니라

두 번째 인구 조사

26 염병 후에 여호와께서 모세와 제
사장 아론의 아들 엘르아살에게
말씀하여 이르시되
2 이스라엘 자손의 온 회중의 총수를 그
들의 조상의 가문을 따라 조사하되 이
스라엘 중에 이십 세 이상으로 능히 전
쟁에 나갈 만한 모든 자를 계수하라 하
시니
3 모세와 제사장 엘르아살이 여리고 맞
은편 요단 가 모압 평지에서 그들에게
전하여 이르되
4 여호와께서 애굽 땅에서 나온 모세와
이스라엘 자손에게 명령하신 대로 너
희는 이십 세 이상 된 자를 계수하라
하니라
5 ●이스라엘의 장자는 르우벤이라 르우
벤 자손은 하녹에게서 난 하녹 종족과
발루에게서 난 발루 종족과
6 헤스론에게서 난 헤스론 종족과 갈미
에게서 난 갈미 종족이니
7 이는 르우벤 종족들이라 계수된 자가
사만 삼천칠백삼십 명이었더라
8 발루의 아들은 엘리압이요
9 엘리압의 아들은 느무엘과 다단과 아
비람이라 이 다단과 아비람은 회중 가
운데서 부름을 받은 자들이니 고라의
무리에 들어가서 모세와 아론을 거슬

두 번째 인구 조사

26
2
3
4
5 ●
6
7
8
9

러 여호와께 반역할 때에
10 땅이 그 입을 벌려서 그 무리와 고라를
삼키매 그들이 죽었고 당시에 불이 이
백오십 명을 삼켜 징표가 되게 하였으
나
11 고라의 아들들은 죽지 아니하였더라
12 ●시므온 자손의 종족들은 이러하니
느무엘에게서 난 느무엘 종족과 야민
에게서 난 야민 종족과 야긴에게서 난
야긴 종족과
13 세라에게서 난 세라 종족과 사울에게
서 난 사울 종족이라
14 이는 시므온의 종족들이니 계수된 자
가 이만 이천이백 명이었더라
15 ●갓 자손의 종족들은 이러하니 스본에
게서 난 스본 종족과 학기에게서 난 학
기 종족과 수니에게서 난 수니 종족과
16 오스니에게서 난 오스니 종족과 에리
에게서 난 에리 종족과
17 아롯에게서 난 아롯 종족과 아렐리에
게서 난 아렐리 종족이라
18 이는 갓 자손의 종족들이니 계수된 자
가 사만 오백 명이었더라
19 ●유다의 아들들은 에르와 오난이라 이
에르와 오난은 가나안 땅에서 죽었고
20 유다 자손의 종족들은 이러하니 셀라
에게서 난 셀라 종족과 베레스에게서
난 베레스 종족과 세라에게서 난 세라
종족이며
21 또 베레스 자손은 이러하니 헤스론에
게서 난 헤스론 종족과 하물에게서 난

10

11

12 ●

13

14

15 ●

16

17

18

19 ●

20

21

하물 종족이라
22 이는 유다 종족들이니 계수된 자가 칠
만 육천오백 명이었더라
23 ● 잇사갈 자손의 종족들은 이러하니
돌라에게서 난 돌라 종족과 부와에게
서 난 부니 종족과
24 야숩에게서 난 야숩 종족과 시므론에
게서 난 시므론 종족이라
25 이는 잇사갈 종족들이니 계수된 자가
육만 사천삼백 명이었더라
26 ● 스불론 자손의 종족들은 이러하니
세렛에게서 난 세렛 종족과 엘론에게
서 난 엘론 종족과 얄르엘에게서 난 얄
르엘 종족이라
27 이는 스불론 종족들이니 계수된 자가
육만 오백 명이었더라
28 ● 요셉의 아들들의 종족들은 므낫세와
에브라임이요
29 므낫세의 자손 중 마길에게서 난 자손
은 마길 종족이라 마길이 길르앗을 낳
았고 길르앗에게서 난 자손은 길르앗
종족이라
30 길르앗 자손은 이러하니 이에셀에게서
난 이에셀 종족과 헬렉에게서 난 헬렉
종족과
31 아스리엘에게서 난 아스리엘 종족과
세겜에게서 난 세겜 종족과
32 스미다에게서 난 스미다 종족과 헤벨
에게서 난 헤벨 종족이며
33 헤벨의 아들 슬로브핫은 아들이 없고
딸뿐이라 그 딸의 이름은 말라와 노아

22

23 ●

24

25

26 ●

27

28 ●

29

30

31

32

33

와 호글라와 밀가와 디르사니
34 이는 므낫세의 종족들이라 계수된 자
가 오만 이천칠백 명이었더라
35 ●에브라임 자손의 종족들은 이러하니
수델라에게서 난 수델라 종족과 베겔
에게서 난 베겔 종족과 다한에게서 난
다한 종족이며
36 수델라 자손은 이러하니 에란에게서
난 에란 종족이라
37 이는 에브라임 자손의 종족들이니 계
수된 자가 삼만 이천오백 명이라 이상
은 그 종족을 따른 요셉 자손이었더라
38 ●베냐민 자손의 종족들은 이러하니
벨라에게서 난 벨라 종족과 아스벨에
게서 난 아스벨 종족과 아히람에게서
난 아히람 종족과
39 스부밤에게서 난 스부밤 종족과 후밤
에게서 난 후밤 종족이며
40 벨라의 아들들은 아릇과 나아만이라
아릇에게서 아릇 종족과 나아만에게서
나아만 종족이 났으니
41 이는 그들의 종족을 따른 베냐민 자손
이라 계수된 자가 사만 오천육백 명이
었더라
42 ●단 자손의 종족들은 이러하니라 수
함에게서 수함 종족이 났으니 이는 그
들의 종족을 따른 단 종족들이라
43 수함 모든 종족의 계수된 자가 육만 사
천사백 명이었더라
44 ●아셀 자손의 종족들은 이러하니 임
나에게서 난 임나 종족과 이스위에게

34

35 ●

36

37

38 ●

39

40

41

42 ●

43

44 ●

서 난 이스위 종족과 브리아에게서 난 브리아 종족이며
45 브리아의 자손 중 헤벨에게서 난 헤벨 종족과 말기엘에게서 난 말기엘 종족이며
46 아셀의 딸의 이름은 세라라
47 이는 아셀 자손의 종족들이니 계수된 자가 오만 삼천사백 명이었더라
48 ●납달리 자손은 그들의 종족대로 이러하니 야셀에게서 난 야셀 종족과 구니에게서 난 구니 종족과
49 예셀에게서 난 예셀 종족과 실렘에게서 난 실렘 종족이라
50 이는 그들의 종족을 따른 납달리 종족들이니 계수된 자가 사만 오천사백 명이었더라
51 ●이스라엘 자손의 계수된 자가 육십만 천칠백삼십 명이었더라
52 ●여호와께서 모세에게 말씀하여 이르시되
53 이 명수대로 땅을 나눠 주어 기업을 삼게 하라
54 수가 많은 자에게는 기업을 많이 줄 것이요 수가 적은 자에게는 기업을 적게 줄 것이니 그들이 계수된 수대로 각기 기업을 주되
55 오직 그 땅을 제비 뽑아 나누어 그들의 조상 지파의 이름을 따라 얻게 할지니라
56 그 다소를 막론하고 그들의 기업을 제비 뽑아 나눌지니라

45
46
47
48 ●
49
50
51 ●
52 ●
53
54
55
56

57 ●레위인으로 계수된 자들의 종족들은
이러하니 게르손에게서 난 게르손 종
족과 고핫에게서 난 고핫 종족과 므라
리에게서 난 므라리 종족이며
58 레위 종족들은 이러하니 립니 종족과
헤브론 종족과 말리 종족과 무시 종족
과 고라 종족이라 고핫은 아므람을 낳
았으며
59 아므람의 처의 이름은 요게벳이니 레
위의 딸이요 애굽에서 레위에게서 난
자라 그가 아므람에게서 아론과 모세
와 그의 누이 미리암을 낳았고
60 아론에게서는 나답과 아비후와 엘르아
살과 이다말이 났더니
61 나답과 아비후는 다른 불을 여호와 앞
에 드리다가 죽었더라
62 일 개월 이상으로 계수된 레위인의 모
든 남자는 이만 삼천 명이었더라 그들
은 이스라엘 자손 중 계수에 들지 아니
하였으니 이는 이스라엘 자손 중에서
그들에게 준 기업이 없음이었더라
63 ●이는 모세와 제사장 엘르아살이 계
수한 자라 그들이 여리고 맞은편 요단
가 모압 평지에서 이스라엘 자손을 계
수한 중에는
64 모세와 제사장 아론이 시내 광야에서
계수한 이스라엘 자손은 한 사람도 들
지 못하였으니
65 이는 여호와께서 그들에게 대하여 말
씀하시기를 그들이 반드시 광야에서
죽으리라 하셨음이라 이러므로 여분네

57 ●

58

59

60

61

62

63 ●

64

65

의 아들 갈렙과 눈의 아들 여호수아 외
에는 한 사람도 남지 아니하였더라

슬로브핫의 딸들

27 요셉의 아들 므낫세 종족들에게
므낫세의 현손 마길의 증손 길르
앗의 손자 헤벨의 아들 슬로브핫의 딸
들이 찾아왔으니 그의 딸들의 이름은
말라와 노아와 호글라와 밀가와 디르
사라
2 그들이 회막 문에서 모세와 제사장 엘
르아살과 지휘관들과 온 회중 앞에 서
서 이르되
3 우리 아버지가 광야에서 죽었으나 여
호와를 거슬러 모인 고라의 무리에 들
지 아니하고 자기 죄로 죽었고 아들이
없나이다
4 어찌하여 아들이 없다고 우리 아버지
의 이름이 그의 종족 중에서 삭제되리
이까 우리 아버지의 형제 중에서 우리
에게 기업을 주소서 하매
5 모세가 그 사연을 여호와께 아뢰니라
6 ●여호와께서 모세에게 말씀하여 이르
시되
7 슬로브핫 딸들의 말이 옳으니 너는 반
드시 그들의 아버지의 형제 중에서 그
들에게 기업을 주어 받게 하되 그들의
아버지의 기업을 그들에게 돌릴지니라
8 너는 이스라엘 자손에게 말하여 이르
기를 사람이 죽고 아들이 없으면 그의
기업을 그의 딸에게 돌릴 것이요
9 딸도 없으면 그의 기업을 그의 형제에

슬로브핫의 딸들

27

2

3

4

5

6 ●

7

8

9

게 줄 것이요
10 형제도 없으면 그의 기업을 그의 아버
지의 형제에게 줄 것이요
11 그의 아버지의 형제도 없으면 그의 기
업을 가장 가까운 친족에게 주어 받게
할지니라 하고 나 여호와가 너 모세에
게 명령한 대로 이스라엘 자손에게 판
결의 규례가 되게 할지니라

모세의 후계자 여호수아

12 ●여호와께서 모세에게 이르시되 너는
이 아바림 산에 올라가서 내가 이스라
엘 자손에게 준 땅을 바라보라
13 본 후에는 네 형 아론이 돌아간 것 같
이 너도 조상에게로 돌아가리니
14 이는 신 광야에서 회중이 분쟁할 때에
너희가 내 명령을 거역하고 그 물 가에
서 내 거룩함을 그들의 목전에 나타내
지 아니하였음이니라 이 물은 신 광야
가데스의 므리바 물이니라
15 모세가 여호와께 여짜와 이르되
16 여호와, 모든 육체의 생명의 하나님이
시여 원하건대 한 사람을 이 회중 위에
세워서
17 그로 그들 앞에 출입하며 그들을 인도
하여 출입하게 하사 여호와의 회중이
목자 없는 양과 같이 되지 않게 하옵소
서
18 여호와께서 모세에게 이르시되 눈의
아들 여호수아는 그 안에 영이 머무는
자니 너는 데려다가 그에게 안수하고
19 그를 제사장 엘르아살과 온 회중 앞에

10

11

모세의 후계자 여호수아

12 ●

13

14

15

16

17

18

19

세우고 그들의 목전에서 그에게 위탁
하여
20 네 존귀를 그에게 돌려 이스라엘 자손
의 온 회중을 그에게 복종하게 하라
21 그는 제사장 엘르아살 앞에 설 것이요
엘르아살은 그를 위하여 우림의 판결
로써 여호와 앞에 물을 것이며 그와 온
이스라엘 자손 곧 온 회중은 엘르아살
의 말을 따라 나가며 들어올 것이니라
22 모세가 여호와께서 자기에게 명령하신
대로 하여 여호수아를 데려다가 제사
장 엘르아살과 온 회중 앞에 세우고
23 그에게 안수하여 위탁하되 여호와께서
모세에게 명령하신 대로 하였더라

날마다 바치는 번제물

28 여호와께서 모세에게 말씀하여
이르시되
2 이스라엘 자손에게 명령하여 그들에게
이르라 내 헌물, 내 음식인 화제물 내
향기로운 것은 너희가 그 정한 시기에
삼가 내게 바칠지니라
3 또 그들에게 이르라 너희가 여호와께
드릴 화제는 이러하니 일 년 되고 흠 없
는 숫양을 매일 두 마리씩 상번제로 드
리되
4 어린 양 한 마리는 아침에 드리고 어린
양 한 마리는 해 질 때에 드릴 것이요
5 또 고운 가루 십분의 일 에바에 빻아
낸 기름 사분의 일 힌을 섞어서 소제로
드릴 것이니
6 이는 시내 산에서 정한 상번제로서 여

20

21

22

23

날마다 바치는 번제물

28

2

3

4

5

6

호와께 드리는 향기로운 화제며
7 또 그 전제는 어린 양 한 마리에 사분
의 일 힌을 드리되 거룩한 곳에서 여호
와께 독주의 전제를 부어 드릴 것이며
8 해 질 때에는 두 번째 어린 양을 드리되
아침에 드린 소제와 전제와 같이 여호
와께 향기로운 화제로 드릴 것이니라

안식일

9 ●안식일에는 일 년 되고 흠 없는 숫양
두 마리와 고운 가루 십분의 이에 기름
섞은 소제와 그 전제를 드릴 것이니
10 이는 상번제와 그 전제 외에 매 안식일
의 번제니라

초하루

11 ●초하루에는 수송아지 두 마리와 숫
양 한 마리와 일 년 되고 흠 없는 숫양
일곱 마리로 여호와께 번제를 드리되
12 매 수송아지에는 고운 가루 십분의 삼
에 기름 섞은 소제와 숫양 한 마리에는
고운 가루 십분의 이에 기름 섞은 소제
와
13 매 어린 양에는 고운 가루 십분의 일에
기름 섞은 소제를 향기로운 번제로 여
호와께 화제를 드릴 것이며
14 그 전제는 수송아지 한 마리에 포도주
반 힌이요 숫양 한 마리에 삼분의 일 힌
이요 어린 양 한 마리에 사분의 일 힌이
니 이는 일 년 중 매월 초하루의 번제며
15 또 상번제와 그 전제 외에 숫염소 한
마리를 속죄제로 여호와께 드릴 것이
니라

7

8

안식일

9 ●

10

초하루

11 ●

12

13

14

15

유월절

16 ●첫째 달 열넷째 날은 여호와를 위하여 지킬 유월절이며

17 또 그 달 열다섯째 날부터는 명절이니 이레 동안 무교병을 먹을 것이며

18 그 첫날에는 성회로 모일 것이요 아무 일도 하지 말 것이며

19 수송아지 두 마리와 숫양 한 마리와 일 년 된 숫양 일곱 마리를 다 흠 없는 것으로 여호와께 화제를 드려 번제가 되게 할 것이며

20 그 소제로는 고운 가루에 기름을 섞어서 쓰되 수송아지 한 마리에는 십분의 삼이요 숫양 한 마리에는 십분의 이를 드리고

21 어린 양 일곱에는 어린 양 한 마리마다 십분의 일을 드릴 것이며

22 또 너희를 속죄하기 위하여 숫염소 한 마리로 속죄제를 드리되

23 아침의 번제 곧 상번제 외에 그것들을 드릴 것이니라

24 너희는 이 순서대로 이레 동안 매일 여호와께 향기로운 화제의 음식을 드리되 상번제와 그 전제 외에 드릴 것이며

25 일곱째 날에는 성회로 모일 것이요 아무 일도 하지 말 것이니라

칠칠절

26 ●칠칠절 처음 익은 열매를 드리는 날에 너희가 여호와께 새 소제를 드릴 때에도 성회로 모일 것이요 아무 일도 하지 말 것이며

유월절

16 ●

17

18

19

20

21

22

23

24

25

칠칠절

26 ●

27 수송아지 두 마리와 숫양 한 마리와 일
년 된 숫양 일곱 마리로 여호와께 향기
로운 번제를 드릴 것이며
28 그 소제로는 고운 가루에 기름을 섞어
서 쓰되 수송아지 한 마리마다 십분의
삼이요 숫양 한 마리에는 십분의 이요
29 어린 양 일곱 마리에는 어린 양 한 마
리마다 십분의 일을 드릴 것이며
30 또 너희를 속죄하기 위하여 숫염소 한
마리를 드리되
31 너희는 다 흠 없는 것으로 상번제와 그
소제와 전제 외에 그것들을 드릴 것이
니라

일곱째 달 초하루

29 일곱째 달에 이르러는 그 달 초
하루에 성회로 모이고 아무 노동
도 하지 말라 이는 너희가 나팔을 불 날
이니라
2 너희는 수송아지 한 마리와 숫양 한 마
리와 일 년 되고 흠 없는 숫양 일곱 마
리를 여호와께 향기로운 번제로 드릴
것이며
3 그 소제로는 고운 가루에 기름을 섞어
서 쓰되 수송아지에는 십분의 삼이요
숫양에는 십분의 이요
4 어린 양 일곱 마리에는 어린 양 한 마
리마다 십분의 일을 드릴 것이며
5 또 너희를 속죄하기 위하여 숫염소 한
마리로 속죄제를 드리되
6 그 달의 번제와 그 소제와 상번제와 그
소제와 그 전제 외에 그 규례를 따라

27
28
29
30
31
일곱째 달 초하루
29
2
3
4
5
6

향기로운 냄새로 화제를 여호와께 드
릴 것이니라

속죄일

7 ●일곱째 달 열흘 날에는 너희가 성회
로 모일 것이요 너희의 심령을 괴롭게
하며 아무 일도 하지 말 것이니라
8 너희는 수송아지 한 마리와 숫양 한 마
리와 일 년 된 숫양 일곱 마리를 다 흠
없는 것으로 여호와께 향기로운 번제
를 드릴 것이며
9 그 소제로는 고운 가루에 기름을 섞어
서 쓰되 수송아지 한 마리에는 십분의
삼이요 숫양 한 마리에는 십분의 이요
10 어린 양 일곱 마리에는 어린 양 한 마
리마다 십분의 일을 드릴 것이며
11 속죄제와 상번제와 그 소제와 그 전제
외에 숫염소 한 마리를 속죄제로 드릴
것이니라

장막절

12 ●일곱째 달 열다섯째 날에는 너희가
성회로 모일 것이요 아무 일도 하지 말
것이며 이레 동안 여호와 앞에 절기를
지킬 것이라
13 너희 번제로 여호와께 향기로운 화제
를 드리되 수송아지 열세 마리와 숫양
두 마리와 일 년 된 숫양 열네 마리를
다 흠 없는 것으로 드릴 것이며
14 그 소제로는 고운 가루에 기름을 섞어
서 수송아지 열세 마리에는 각기 십분
의 삼이요 숫양 두 마리에는 각기 십분
의 이요

속죄일

7 ●

8

9

10

11

장막절

12 ●

13

14

15 어린 양 열네 마리에는 각기 십분의 일
을 드릴 것이며
16 상번제와 그 소제와 그 전제 외에 숫염
소 한 마리를 속죄제로 드릴 것이니라
17 ●둘째 날에는 수송아지 열두 마리와
숫양 두 마리와 일 년 되고 흠 없는 숫
양 열네 마리를 드릴 것이며
18 그 소제와 전제는 수송아지와 숫양과
어린 양의 수효를 따라서 규례대로 할
것이며
19 상번제와 그 소제와 그 전제 외에 숫염
소 한 마리를 속죄제로 드릴 것이니라
20 ●셋째 날에는 수송아지 열한 마리와
숫양 두 마리와 일 년 되고 흠 없는 숫
양 열네 마리를 드릴 것이며
21 그 소제와 전제는 수송아지와 숫양과
어린 양의 수효를 따라서 규례대로 할
것이며
22 상번제와 그 소제와 그 전제 외에 숫염
소 한 마리를 속죄제로 드릴 것이니라
23 ●넷째 날에는 수송아지 열 마리와 숫
양 두 마리와 일 년 되고 흠 없는 숫양
열네 마리를 드릴 것이며
24 그 소제와 전제는 수송아지와 숫양과
어린 양의 수효를 따라 규례대로 할 것
이며
25 상번제와 그 소제와 그 전제 외에 숫염
소 한 마리를 속죄제로 드릴 것이니라
26 ●다섯째 날에는 수송아지 아홉 마리
와 숫양 두 마리와 일 년 되고 흠 없는
숫양 열네 마리를 드릴 것이며

15

16

17 ●

18

19

20 ●

21

22

23 ●

24

25

26 ●

27 그 소제와 전제는 수송아지와 숫양과
어린 양의 수효를 따라서 규례대로 할
것이며
28 상번제와 그 소제와 그 전제 외에 숫염
소 한 마리를 속죄제로 드릴 것이니라
29 ●여섯째 날에는 수송아지 여덟 마리
와 숫양 두 마리와 일 년 되고 흠 없는
숫양 열네 마리를 드릴 것이며
30 그 소제와 전제는 수송아지와 숫양과
어린 양의 수효를 따라서 규례대로 할
것이며
31 상번제와 그 소제와 그 전제 외에 숫염
소 한 마리를 속죄제로 드릴 것이니라
32 ●일곱째 날에는 수송아지 일곱 마리
와 숫양 두 마리와 일 년 되고 흠 없는
숫양 열네 마리를 드릴 것이며
33 그 소제와 전제는 수송아지와 숫양과
어린 양의 수효를 따라 규례대로 할 것
이며
34 상번제와 그 소제와 그 전제 외에 숫염
소 한 마리를 속죄제로 드릴 것이니라
35 ●여덟째 날에는 장엄한 대회로 모일
것이요 아무 일도 하지 말 것이며
36 번제로 여호와께 향기로운 화제를 드
리되 수송아지 한 마리와 숫양 한 마리
와 일 년 되고 흠 없는 숫양 일곱 마리
를 드릴 것이며
37 그 소제와 전제는 수송아지와 숫양과
어린 양의 수효를 따라 규례대로 할 것
이며
38 상번제와 그 소제와 그 전제 외에 숫염

27

28

29 ●

30

31

32 ●

33

34

35 ●

36

37

38

소 한 마리를 속죄제로 드릴 것이니라
39 ●너희가 이 절기를 당하거든 여호와
께 이같이 드릴지니 이는 너희의 서원
제나 낙헌제로 드리는 번제, 소제, 전
제, 화목제 외에 드릴 것이니라
40 모세가 여호와께서 모세에게 명령하신
모든 일을 이스라엘 자손에게 말하니
라

여호와께 서원한 것

30 모세가 이스라엘 자손 지파의
수령들에게 말하여 이르되 여호
와의 명령이 이러하니라
2 사람이 여호와께 서원하였거나 결심하
고 서약하였으면 깨뜨리지 말고 그가
입으로 말한 대로 다 이행할 것이니라
3 또 여자가 만일 어려서 그 아버지 집에
있을 때에 여호와께 서원한 일이나 스
스로 결심하려고 한 일이 있다고 하자
4 그의 아버지가 그의 서원이나 그가 결
심한 서약을 듣고도 그에게 아무 말이
없으면 그의 모든 서원을 행할 것이요
그가 결심한 서약을 지킬 것이니라
5 그러나 그의 아버지가 그것을 듣는 날
에 허락하지 아니하면 그의 서원과 결
심한 서약을 이루지 못할 것이니 그의
아버지가 허락하지 아니하였은즉 여호
와께서 사하시리라
6 ●또 혹시 남편을 맞을 때에 서원이나
결심한 서약을 경솔하게 그의 입술로
말하였으면
7 그의 남편이 그것을 듣고 그 듣는 날에

39 ●

40

여호와께 서원한 것

30

2

3

4

5

6 ●

7

그에게 아무 말이 없으면 그 서원을 이
행할 것이요 그가 결심한 서약을 지킬
것이니라
8 그러나 그의 남편이 그것을 듣는 날에
허락하지 아니하면 그 서원과 결심하
려고 경솔하게 입술로 말한 서약은 무
효가 될 것이니 여호와께서 그 여자를
사하시리라
9 ●과부나 이혼 당한 여자의 서원이나
그가 결심한 모든 서약은 지킬 것이니
라
10 부녀가 혹시 그의 남편의 집에서 서원
을 하였다든지 결심하고 서약을 하였
다 하자
11 그의 남편이 그것을 듣고도 아무 말이
없고 금하지 않으면 그 서원은 다 이행
할 것이요 그가 결심한 서약은 다 지킬
것이니라
12 그러나 그의 남편이 그것을 듣는 날에
무효하게 하면 그 서원과 결심한 일에
대하여 입술로 말한 것을 아무것도 이
루지 못하나니 그의 남편이 그것을 무
효하게 하였은즉 여호와께서 그 부녀
를 사하시느니라
13 ●모든 서원과 마음을 자제하기로 한
모든 서약은 그의 남편이 그것을 지키
게도 할 수 있고 무효하게도 할 수 있
으니
14 그의 남편이 여러 날이 지나도록 말이
없으면 아내의 서원과 스스로 결심한
일을 지키게 하는 것이니 이는 그가 그

8

9 ●

10

11

12

13 ●

14

것을 들을 때에 그의 아내에게 아무 말
도 아니하였으므로 지키게 됨이니라
15 그러나 그의 남편이 들은 지 얼마 후에
그것을 무효하게 하면 그가 아내의 죄
를 담당할 것이니라
16 이는 여호와께서 모세에게 명령하신
규례니 남편이 아내에게, 아버지가 자
기 집에 있는 어린 딸에 대한 것이니라

미디안에게 여호와의 원수를 갚다

31 여호와께서 모세에게 말씀하여
이르시되
2 이스라엘 자손의 원수를 미디안에게
갚으라 그 후에 네가 네 조상에게로 돌
아가리라
3 모세가 백성에게 말하여 이르되 너와
함께 있는 사람들 가운데서 전쟁에 나
갈 사람들을 무장시키고 미디안을 치
러 보내어 여호와의 원수를 갚되
4 이스라엘 모든 지파에게 각 지파에서
천 명씩을 전쟁에 보낼지니라 하매
5 각 지파에서 천 명씩 이스라엘 백만 명
중에서 만 이천 명을 택하여 무장을 시
킨지라
6 모세가 각 지파에 천 명씩 싸움에 보내
되 제사장 엘르아살의 아들 비느하스
에게 성소의 기구와 신호 나팔을 들려
서 그들과 함께 전쟁에 보내매
7 그들이 여호와께서 모세에게 명령하신
대로 미디안을 쳐서 남자를 다 죽였고
8 그 죽인 자 외에 미디안의 다섯 왕을
죽였으니 미디안의 왕들은 에위와 레

15

16

미디안에게 여호와의 원수를 갚다

31

2

3

4

5

6

7

8

겜과 수르와 후르와 레바이며 또 브올
의 아들 발람을 칼로 죽였더라
9 이스라엘 자손이 미디안의 부녀들과
그들의 아이들을 사로잡고 그들의 가
축과 양 떼와 재물을 다 탈취하고
10 그들이 거처하는 성읍들과 촌락을 다
불사르고
11 탈취한 것, 노략한 것, 사람과 짐승을
다 빼앗으니라
12 그들이 사로잡은 자와 노략한 것과 탈
취한 것을 가지고 여리고 맞은편 요단
강 가 모압 평지의 진영에 이르러 모세
와 제사장 엘르아살과 이스라엘 자손
의 회중에게로 나아오니라

군대가 이기고 돌아오다

13 ●모세와 제사장 엘르아살과 회중의
지도자들이 다 진영 밖에 나가서 영접
하다가
14 모세가 군대의 지휘관 곧 싸움에서 돌
아온 천부장들과 백부장들에게 노하
니라
15 모세가 그들에게 이르되 너희가 여자
들을 다 살려두었느냐
16 보라 이들이 발람의 꾀를 따라 이스라
엘 자손을 브올의 사건에서 여호와 앞
에 범죄하게 하여 여호와의 회중 가운
데에 염병이 일어나게 하였느니라
17 그러므로 아이들 중에서 남자는 다 죽
이고 남자와 동침하여 사내를 아는 여
자도 다 죽이고
18 남자와 동침하지 아니하여 사내를 알

9

10

11

12

군대가 이기고 돌아오다

13 ●

14

15

16

17

18

지 못하는 여자들은 다 너희를 위하여
살려둘 것이니라
19 너희는 이레 동안 진영 밖에 주둔하라
누구든지 살인자나 죽임을 당한 사체
를 만진 자는 셋째 날과 일곱째 날에
몸을 깨끗하게 하고 너희의 포로도 깨
끗하게 할 것이며
20 모든 의복과 가죽으로 만든 모든 것과
염소털로 만든 모든 것과 나무로 만든
모든 것을 다 깨끗하게 할지니라
21 ●제사장 엘르아살이 싸움에 나갔던
군인들에게 이르되 이는 여호와께서
모세에게 명령하신 율법이니라
22 금, 은, 동, 철과 주석과 납 등의
23 불에 견딜 만한 모든 물건은 불을 지나
게 하라 그리하면 깨끗하려니와 다만
정결하게 하는 물로 그것을 깨끗하게
할 것이며 불에 견디지 못할 모든 것은
물을 지나게 할 것이니라
24 너희는 일곱째 날에 옷을 빨아서 깨끗
하게 한 후에 진영에 들어올지니라

전리품 분배

25 ●여호와께서 모세에게 말씀하여 이르
시되
26 너는 제사장 엘르아살과 회중의 수령
들과 더불어 이 사로잡은 사람들과 짐
승들을 계수하고
27 그 얻은 물건을 반분하여 그 절반은 전
쟁에 나갔던 군인들에게 주고 절반은
회중에게 주고
28 전쟁에 나갔던 군인들은 사람이나 소

19

20

21 ●

22

23

24

전리품 분배

25 ●

26

27

28

나 나귀나 양 떼의 오백분의 일을 여호
와께 드릴지니라
29 곧 이를 그들의 절반에서 가져다가 여
호와의 거제로 제사장 엘르아살에게
주고
30 또 이스라엘 자손이 받은 절반에서는
사람이나 소나 나귀나 양 떼나 각종 짐
승 오십분의 일을 가져다가 여호와의
성막을 맡은 레위인에게 주라
31 모세와 제사장 엘르아살이 여호와께서
모세에게 명령하신 대로 하니라
32 ●그 탈취물 곧 군인들의 다른 탈취물
외에 양이 육십칠만 오천 마리요
33 소가 칠만 이천 마리요
34 나귀가 육만 천 마리요
35 사람은 남자와 동침하지 아니하여서
사내를 알지 못하는 여자가 도합 삼만
이천 명이니
36 그 절반 곧 전쟁에 나갔던 자들의 소유
가 양이 삼십삼만 칠천오백 마리라
37 여호와께 공물로 드린 양이 육백칠십
오요
38 소가 삼만 육천 마리라 그 중에서 여호
와께 공물로 드린 것이 칠십이 마리요
39 나귀가 삼만 오백 마리라 그 중에서 여
호와께 공물로 드린 것이 육십일 마리
요
40 사람이 만 육천 명이라 그 중에서 여호
와께 공물로 드린 자가 삼십이 명이니
41 여호와께 거제의 공물로 드린 것을 모
세가 제사장 엘르아살에게 주었으니

29
30
31
32 ●
33
34
35
36
37
38
39
40
41

여호와께서 모세에게 명령하심과 같았
더라
42 ●모세가 전쟁에 나갔던 자에게서 나
누어 이스라엘 자손에게 준 절반
43 곧 회중이 받은 절반은 양이 삼십삼만
칠천오백 마리요
44 소가 삼만 육천 마리요
45 나귀가 삼만 오백 마리요
46 사람이 만 육천 명이라
47 이스라엘 자손의 그 절반에서 모세가
사람이나 짐승의 오십분의 일을 취하
여 여호와의 장막을 맡은 레위인에게
주었으니 여호와께서 모세에게 명령하
심과 같았더라
48 ●군대의 지휘관들 곧 천부장과 백부
장들이 모세에게 나아와서
49 모세에게 말하되 당신의 종들이 이끈
군인을 계수한즉 우리 중 한 사람도 축
나지 아니하였기로
50 우리 각 사람이 받은 바 금 패물 곧 발
목 고리, 손목 고리, 인장 반지, 귀 고
리, 목걸이들을 여호와께 헌금으로 우
리의 생명을 위하여 여호와 앞에 속죄
하려고 가져왔나이다
51 모세와 제사장 엘르아살이 그들에게서
그 금으로 만든 모든 패물을 취한즉
52 천부장과 백부장들이 여호와께 드린
거제의 금의 도합이 만 육천칠백오십
세겔이니
53 군인들이 각기 자기를 위하여 탈취한
것이니라

42 ●

43

44

45

46

47

48 ●

49

50

51

52

53

54 모세와 제사장 엘르아살이 천부장과
백부장들에게서 금을 취하여 회막에
드려 여호와 앞에서 이스라엘 자손의
기념을 삼았더라

요단 강 동쪽 지파들

32 르우벤 자손과 갓 자손은 심히
많은 가축 떼를 가졌더라 그들
이 야셀 땅과 길르앗 땅을 본즉 그 곳
은 목축할 만한 장소인지라
2 갓 자손과 르우벤 자손이 와서 모세와
제사장 엘르아살과 회중 지휘관들에게
말하여 이르되
3 아다롯과 디본과 야셀과 니므라와 헤
스본과 엘르알레와 스밤과 느보와 브
온
4 곧 여호와께서 이스라엘 회중 앞에서
쳐서 멸하신 땅은 목축할 만한 장소요
당신의 종들에게는 가축이 있나이다
5 또 이르되 우리가 만일 당신에게 은혜
를 입었으면 이 땅을 당신의 종들에게
그들의 소유로 주시고 우리에게 요단
강을 건너지 않게 하소서
6 ●모세가 갓 자손과 르우벤 자손에게
이르되 너희 형제들은 싸우러 가거늘
너희는 여기 앉아 있고자 하느냐
7 너희가 어찌하여 이스라엘 자손에게
낙심하게 하여서 여호와께서 그들에게
주신 땅으로 건너갈 수 없게 하려 하느
냐
8 너희 조상들도 내가 가데스바네아에서
그 땅을 보라고 보냈을 때에 그리 하였

54

요단 강 동쪽 지파들

32

2

3

4

5

6 ●

7

8

었나니
9 그들이 에스골 골짜기에 올라가서 그
땅을 보고 이스라엘 자손을 낙심하게
하여서 여호와께서 그들에게 주신 땅
으로 갈 수 없게 하였었느니라
10 그 때에 여호와께서 진노하사 맹세하
여 이르시되
11 애굽에서 나온 자들이 이십 세 이상으
로는 한 사람도 내가 아브라함과 이삭
과 야곱에게 맹세한 땅을 결코 보지 못
하리니 이는 그들이 나를 온전히 따르
지 아니하였음이니라
12 그러나 그나스 사람 여분네의 아들 갈
렙과 눈의 아들 여호수아는 여호와를
온전히 따랐느니라 하시고
13 여호와께서 이스라엘에게 진노하사 그
들에게 사십 년 동안 광야에 방황하게
하셨으므로 여호와의 목전에 악을 행
한 그 세대가 마침내는 다 끊어졌느니
라
14 보라 너희는 너희의 조상의 대를 이어
일어난 죄인의 무리로서 이스라엘을
향하신 여호와의 노를 더욱 심하게 하
는도다
15 너희가 만일 돌이켜 여호와를 떠나면
여호와께서 다시 이 백성을 광야에 버
리시리니 그리하면 너희가 이 모든 백
성을 멸망시키리라
16 ●그들이 모세에게 가까이 나아와 이
르되 우리가 이 곳에 우리 가축을 위하
여 우리를 짓고 우리 어린 아이들을 위

9

10

11

12

13

14

15

16 ●

하여 성읍을 건축하고
17 이 땅의 원주민이 있으므로 우리 어린
아이들을 그 견고한 성읍에 거주하게
한 후에 우리는 무장하고 이스라엘 자
손을 그 곳으로 인도하기까지 그들의
앞에서 가고
18 이스라엘 자손이 각기 기업을 받기까
지 우리 집으로 돌아오지 아니하겠사
오며
19 우리는 요단 이쪽 곧 동쪽에서 기업을
받았사오니 그들과 함께 요단 저쪽에
서는 기업을 받지 아니하겠나이다
20 ●모세가 그들에게 이르되 너희가 만
일 이 일을 행하여 무장하고 여호와 앞
에서 가서 싸우되
21 너희가 다 무장하고 여호와 앞에서 요
단을 건너가서 여호와께서 그의 원수
를 자기 앞에서 쫓아내시고
22 그 땅이 여호와 앞에 복종하게 하시기
까지 싸우면 여호와 앞에서나 이스라
엘 앞에서나 무죄하여 돌아오겠고 이
땅은 여호와 앞에서 너희의 소유가 되
리라마는
23 너희가 만일 그같이 아니하면 여호와
께 범죄함이니 너희 죄가 반드시 너희
를 찾아낼 줄 알라
24 너희는 어린 아이들을 위하여 성읍을
건축하고 양을 위하여 우리를 지으라
그리하고 너희의 입이 말한 대로 행하
라
25 갓 자손과 르우벤 자손이 모세에게 대

17

18

19

20 ●

21

22

23

24

25

답하여 이르되 주의 종들인 우리는 우
리 주의 명령대로 행할 것이라
26 우리의 어린 아이들과 아내와 양 떼와
모든 가축은 이곳 길르앗 성읍들에 두
고
27 종들은 우리 주의 말씀대로 무장하고
여호와 앞에서 다 건너가서 싸우리이
다
28 ●이에 모세가 그들에 대하여 제사장
엘르아살과 눈의 아들 여호수아와 이
스라엘 자손 지파의 수령들에게 명령
하니라
29 모세가 그들에게 이르되 갓 자손과 르
우벤 자손이 만일 각각 무장하고 너희
와 함께 요단을 건너가서 여호와 앞에
서 싸워서 그 땅이 너희 앞에 항복하기
에 이르면 길르앗 땅을 그들의 소유로
줄 것이니라
30 그러나 만일 그들이 너희와 함께 무장
하고 건너지 아니하면 그들은 가나안
땅에서 너희와 함께 땅을 소유할 것이
니라
31 갓 자손과 르우벤 자손이 대답하여 이
르되 여호와께서 당신의 종들에게 명
령하신 대로 우리가 행할 것이라
32 우리가 무장하고 여호와 앞에서 가나
안 땅에 건너가서 요단 이쪽을 우리가
소유할 기업이 되게 하리이다
33 ●모세가 갓 자손과 르우벤 자손과 요
셉의 아들 므낫세 반 지파에게 아모리
인의 왕 시혼의 나라와 바산 왕 옥의

나라를 주되 곧 그 땅과 그 경내의 성
읍들과 그 성읍들의 사방 땅을 그들에
게 주매
34 갓 자손은 디본과 아다롯과 아로엘과
35 아다롯소반과 야셀과 욕브하와
36 벧니므라와 벧하란들의 견고한 성읍을
건축하였고 또 양을 위하여 우리를 지
었으며
37 르우벤 자손은 헤스본과 엘르알레와
기랴다임과
38 느보와 바알므온들을 건축하고 그 이
름을 바꾸었고 또 십마를 건축하고 건
축한 성읍들에 새 이름을 주었고
39 므낫세의 아들 마길의 자손은 가서 길
르앗을 쳐서 빼앗고 거기 있는 아모리
인을 쫓아내매
40 모세가 길르앗을 므낫세의 아들 마길
에게 주매 그가 거기 거주하였고
41 므낫세의 아들 야일은 가서 그 촌락들
을 빼앗고 하봇야일이라 불렀으며
42 노바는 가서 그낫과 그 마을들을 빼앗
고 자기 이름을 따라서 노바라 불렀더
라

애굽에서 모압까지

33 모세와 아론의 인도로 대오를
갖추어 애굽을 떠난 이스라엘
자손들의 노정은 이러하니라
2 모세가 여호와의 명령대로 그 노정을
따라 그들이 행진한 것을 기록하였으
니 그들이 행진한 대로의 노정은 이러
하니라

34

35

36

37

38

39

40

41

42

애굽에서 모압까지

33

2

3 그들이 첫째 달 열다섯째 날에 라암셋
을 떠났으니 곧 유월절 다음 날이라 이
스라엘 자손이 애굽 모든 사람의 목전
에서 큰 권능으로 나왔으니
4 애굽인은 여호와께서 그들 중에 치신
그 모든 장자를 장사하는 때라 여호와
께서 그들의 신들에게도 벌을 주셨더라
5 ●이스라엘 자손이 라암셋을 떠나 숙
곳에 진을 치고
6 숙곳을 떠나 광야 끝 에담에 진을 치고
7 에담을 떠나 바알스본 앞 비하히롯으
로 돌아가서 믹돌 앞에 진을 치고
8 하히롯 앞을 떠나 광야를 바라보고 바
다 가운데를 지나 에담 광야로 사흘 길
을 가서 마라에 진을 치고
9 마라를 떠나 엘림에 이르니 엘림에는
샘물 열둘과 종려 칠십 그루가 있으므
로 거기에 진을 치고
10 엘림을 떠나 홍해 가에 진을 치고
11 홍해 가를 떠나 신 광야에 진을 치고
12 신 광야를 떠나
13 돕가에 진을 치고 돕가를 떠나 알루스
에 진을 치고
14 알루스를 떠나 르비딤에 진을 쳤는데
거기는 백성이 마실 물이 없었더라
15 르비딤을 떠나 시내 광야에 진을 치고
16 시내 광야를 떠나 기브롯핫다아와에
진을 치고
17 기브롯핫다아와를 떠나 하세롯에 진을
치고
18 하세롯을 떠나 릿마에 진을 치고

3

4

5 ●

6

7

8

9

10

11

12

13

14

15

16

17

18

19 릿마를 떠나 림몬베레스에 진을 치고
20 림몬베레스를 떠나 립나에 진을 치고
21 립나를 떠나 릿사에 진을 치고
22 릿사를 떠나 그헬라다에 진을 치고
23 그헬라다를 떠나 세벨 산에 진을 치고
24 세벨 산을 떠나 하라다에 진을 치고
25 하라다를 떠나 막헬롯에 진을 치고
26 막헬롯을 떠나 다핫에 진을 치고
27 다핫을 떠나 데라에 진을 치고
28 데라를 떠나 밋가에 진을 치고
29 밋가를 떠나 하스모나에 진을 치고
30 하스모나를 떠나 모세롯에 진을 치고
31 모세롯을 떠나 브네야아간에 진을 치고
32 브네야아간을 떠나 홀하깃갓에 진을
치고
33 홀하깃갓을 떠나 욧바다에 진을 치고
34 욧바다를 떠나 아브로나에 진을 치고
35 아브로나를 떠나 에시온게벨에 진을
치고
36 에시온게벨을 떠나 신 광야 곧 가데스
에 진을 치고
37 가데스를 떠나 에돔 땅 변경의 호르 산
에 진을 쳤더라
38 ●이스라엘 자손이 애굽 땅에서 나온
지 사십 년째 오월 초하루에 제사장 아
론이 여호와의 명령으로 호르 산에 올
라가 거기서 죽었으니
39 아론이 호르 산에서 죽던 때의 나이는
백이십삼 세였더라
40 ●가나안 땅 남방에 살고 있는 가나안
사람 아랏 왕은 이스라엘 자손이 온다

19
20
21
22
23
24
25
26
27
28
29
30
31
32
33
34
35
36
37
38 ●
39
40 ●

는 소식을 들었더라
41 ●그들이 호르 산을 떠나 살모나에 진
을 치고
42 살모나를 떠나 부논에 진을 치고
43 부논을 떠나 오봇에 진을 치고
44 오봇을 떠나 모압 변경 이예아바림에
진을 치고
45 이임을 떠나 디본갓에 진을 치고
46 디본갓을 떠나 알몬디블라다임에 진을
치고
47 알몬디블라다임을 떠나 느보 앞 아바
림 산에 진을 치고
48 아바림 산을 떠나 여리고 맞은편 요단
강 가 모압 평지에 진을 쳤으니
49 요단 강 가 모압 평지의 진영이 벧여시
못에서부터 아벨싯딤에 이르렀더라

가나안 땅을 제비 뽑아 나누다

50 ●여리고 맞은편 요단 강 가 모압 평지
에서 여호와께서 모세에게 말씀하여
이르시되
51 이스라엘 자손에게 말하여 그들에게
이르라 너희가 요단 강을 건너 가나안
땅에 들어가거든
52 그 땅의 원주민을 너희 앞에서 다 몰아
내고 그 새긴 석상과 부어 만든 우상을
다 깨뜨리며 산당을 다 헐고
53 그 땅을 점령하여 거기 거주하라 내가
그 땅을 너희 소유로 너희에게 주었음
이라
54 너희의 종족을 따라 그 땅을 제비 뽑아
나눌 것이니 수가 많으면 많은 기업을

41 ●
42
43
44
45
46
47
48
49

가나안 땅을 제비 뽑아 나누다

50 ●
51
52
53
54

주고 적으면 적은 기업을 주되 각기 제
비 뽑은 대로 그 소유가 될 것인즉 너
희 조상의 지파를 따라 기업을 받을 것
이니라
55 너희가 만일 그 땅의 원주민을 너희 앞
에서 몰아내지 아니하면 너희가 남겨둔
자들이 너희의 눈에 가시와 너희의 옆
구리에 찌르는 것이 되어 너희가 거주
하는 땅에서 너희를 괴롭게 할 것이요
56 나는 그들에게 행하기로 생각한 것을
너희에게 행하리라

가나안 땅의 경계

34 여호와께서 모세에게 말씀하여
이르시되
2 너는 이스라엘 자손에게 명령하여 그
들에게 이르라 너희가 가나안 땅에 들
어가는 때에 그 땅은 너희의 기업이 되
리니 곧 가나안 사방 지경이라
3 너희 남쪽은 에돔 곁에 접근한 신 광야
니 너희의 남쪽 경계는 동쪽으로 염해
끝에서 시작하여
4 돌아서 아그랍빔 언덕 남쪽에 이르고
신을 지나 가데스바네아 남쪽에 이르고
또 하살아달을 지나 아스몬에 이르고
5 아스몬에서 돌아서 애굽 시내를 지나
바다까지 이르느니라
6 ●서쪽 경계는 대해가 경계가 되나니
이는 너희의 서쪽 경계니라
7 ●북쪽 경계는 이러하니 대해에서부터
호르 산까지 그어라
8 호르 산에서 그어 하맛 어귀에 이르러

55

56

가나안 땅의 경계

34

2

3

4

5

6 ●

7 ●

8

스닷에 이르고
9 그 경계가 또 시브론을 지나 하살에난
에 이르나니 이는 너희의 북쪽 경계니
라
10 ●너희의 동쪽 경계는 하살에난에서
그어 스밤에 이르고
11 그 경계가 또 스밤에서 리블라로 내려
가서 아인 동쪽에 이르고 또 내려가서
긴네렛 동쪽 해변에 이르고
12 그 경계가 또 요단으로 내려가서 염해
에 이르나니 너희 땅의 사방 경계가 이
러하니라
13 ●모세가 이스라엘 자손에게 명령하여
이르되 이는 너희가 제비 뽑아 받을 땅
이라 여호와께서 이것을 아홉 지파 반
쪽에게 주라고 명령하셨나니
14 이는 르우벤 자손의 지파와 갓 자손의
지파가 함께 그들의 조상의 가문에 따
라 그들의 기업을 받을 것이며 므낫세
의 반쪽도 기업을 받았음이니라
15 이 두 지파와 그 반 지파는 여리고 맞
은편 요단 건너편 곧 해 돋는 쪽에서
그들의 기업을 받으리라

각 지파의 기업 분할 책임자

16 ●여호와께서 또 모세에게 말씀하여
이르시되
17 너희에게 땅을 기업으로 나눌 자의 이
름은 이러하니 제사장 엘르아살과 눈
의 아들 여호수아니라
18 너희는 또 기업의 땅을 나누기 위하여
각 지파에 한 지휘관씩 택하라

9

10 ●

11

12

13 ●

14

15

각 지파의 기업 분할 책임자

16 ●

17

18

19 그 사람들의 이름은 이러하니 유다 지
파에서는 여분네의 아들 갈렙이요
20 시므온 지파에서는 암미훗의 아들 스
므엘이요
21 베냐민 지파에서는 기슬론의 아들 엘
리닷이요
22 단 자손 지파에서는 지휘관 요글리의
아들 북기요
23 요셉 자손 중 므낫세 자손 지파에서는
지휘관 에봇의 아들 한니엘이요
24 에브라임 자손 지파에서는 지휘관 십
단의 아들 그므엘이요
25 스불론 자손 지파에서는 지휘관 바르
낙의 아들 엘리사반이요
26 잇사갈 자손 지파에서는 지휘관 앗산
의 아들 발디엘이요
27 아셀 자손 지파에서는 지휘관 슬로미
의 아들 아히훗이요
28 납달리 자손 지파에서는 지휘관 암미
훗의 아들 브다헬이니라 하셨느니라
29 이들이 여호와께서 명령하사 가나안
땅에서 이스라엘 자손에게 기업을 받
게 하신 자들이니라

레위 사람에게 준 성읍

35 여호와께서 여리고 맞은편 요단
강 가 모압 평지에서 모세에게
말씀하여 이르시되
2 이스라엘 자손에게 명령하여 그들이
받은 기업에서 레위인에게 거주할 성
읍들을 주게 하고 너희는 또 그 성읍들
을 두르고 있는 초장을 레위인에게 주

19

20

21

22

23

24

25

26

27

28

29

레위 사람에게 준 성읍

35

2

어서
3 성읍은 그들의 거처가 되게 하고 초장
은 그들의 재산인 가축과 짐승들을 둘
곳이 되게 할 것이라
4 너희가 레위인에게 줄 성읍들의 들은
성벽에서부터 밖으로 사방 천 규빗이
라
5 성을 중앙에 두고 성 밖 동쪽으로 이천
규빗, 남쪽으로 이천 규빗, 서쪽으로
이천 규빗, 북쪽으로 이천 규빗을 측량
할지니 이는 그들의 성읍의 들이며
6 너희가 레위인에게 줄 성읍은 살인자
들이 피하게 할 도피성으로 여섯 성읍
이요 그 외에 사십이 성읍이라
7 너희가 레위인에게 모두 사십팔 성읍
을 주고 그 초장도 함께 주되
8 너희가 이스라엘 자손의 소유에서 레
위인에게 너희가 성읍을 줄 때에 많이
받은 자에게서는 많이 떼어서 주고 적
게 받은 자에게서는 적게 떼어 줄 것이
라 각기 받은 기업을 따라서 그 성읍들
을 레위인에게 줄지니라

도피성

9 ●여호와께서 또 모세에게 말씀하여
이르시되
10 이스라엘 자손에게 말하여 그들에게
이르라 너희가 요단 강을 건너 가나안
땅에 들어가거든
11 너희를 위하여 성읍을 도피성으로 정
하여 부지중에 살인한 자가 그리로 피
하게 하라

3

4

5

6

7

8

도피성

9 ●

10

11

12 이는 너희가 복수할 자에게서 도피하
는 성을 삼아 살인자가 회중 앞에 서서
판결을 받기까지 죽지 않게 하기 위함
이니라
13 너희가 줄 성읍 중에 여섯을 도피성이
되게 하되
14 세 성읍은 요단 이쪽에 두고 세 성읍은
가나안 땅에 두어 도피성이 되게 하라
15 이 여섯 성읍은 이스라엘 자손과 타국
인과 이스라엘 중에 거류하는 자의 도
피성이 되리니 부지중에 살인한 모든
자가 그리로 도피할 수 있으리라
16 ●만일 철 연장으로 사람을 쳐죽이면
그는 살인자니 그 살인자를 반드시 죽
일 것이요
17 만일 사람을 죽일 만한 돌을 손에 들고
사람을 쳐죽이면 이는 살인한 자니 그
살인자는 반드시 죽일 것이요
18 만일 사람을 죽일 만한 나무 연장을 손
에 들고 사람을 쳐죽이면 그는 살인한
자니 그 살인자는 반드시 죽일 것이니
라
19 피를 보복하는 자는 그 살인한 자를 자
신이 죽일 것이니 그를 만나면 죽일 것
이요
20 만일 미워하는 까닭에 밀쳐 죽이거나
기회를 엿보아 무엇을 던져 죽이거나
21 악의를 가지고 손으로 쳐죽이면 그 친
자는 반드시 죽일 것이니 이는 살인하
였음이라 피를 보복하는 자는 살인자
를 만나면 죽일 것이니라

12

13

14

15

16 ●

17

18

19

20

21

22 ●악의가 없이 우연히 사람을 밀치거나
기회를 엿봄이 없이 무엇을 던지거나
23 보지 못하고 사람을 죽일 만한 돌을 던
져서 죽였을 때에 이는 악의도 없고 해
하려 한 것도 아닌즉
24 회중이 친 자와 피를 보복하는 자 간에
이 규례대로 판결하여
25 피를 보복하는 자의 손에서 살인자를
건져내어 그가 피하였던 도피성으로
돌려보낼 것이요 그는 거룩한 기름 부
음을 받은 대제사장이 죽기까지 거기
거주할 것이니라
26 그러나 살인자가 어느 때든지 그 피하
였던 도피성 지경 밖에 나가면
27 피를 보복하는 자가 도피성 지경 밖에
서 그 살인자를 만나 죽일지라도 피 흘
린 죄가 없나니
28 이는 살인자가 대제사장이 죽기까지
그 도피성에 머물러야 할 것임이라 대
제사장이 죽은 후에는 그 살인자가 자
기 소유의 땅으로 돌아갈 수 있느니라
29 ●이는 너희의 대대로 거주하는 곳에
서 판결하는 규례라
30 사람을 죽인 모든 자 곧 살인한 자는 증
인들의 말을 따라서 죽일 것이나 한 증
인의 증거만 따라서 죽이지 말 것이요
31 고의로 살인죄를 범한 살인자는 생명의
속전을 받지 말고 반드시 죽일 것이며
32 또 도피성에 피한 자는 대제사장이 죽
기 전에는 속전을 받고 그의 땅으로 돌
아가 거주하게 하지 말 것이니라

22 ●

23

24

25

26

27

28

29 ●

30

31

32

33 너희는 너희가 거주하는 땅을 더럽히
지 말라 피는 땅을 더럽히나니 피 흘림
을 받은 땅은 그 피를 흘리게 한 자의
피가 아니면 속함을 받을 수 없느니라
34 너희는 너희가 거주하는 땅 곧 내가 거
주하는 땅을 더럽히지 말라 나 여호와
는 이스라엘 자손 중에 있음이니라

시집 간 여자의 유산

36 요셉 자손의 종족 중 므낫세의
손자 마길의 아들 길르앗 자손
종족들의 수령들이 나아와 모세와 이
스라엘 자손의 수령 된 지휘관들 앞에
말하여
2 이르되 여호와께서 우리 주에게 명령
하사 이스라엘 자손에게 제비 뽑아 그
기업의 땅을 주게 하셨고 여호와께서
또 우리 주에게 명령하사 우리 형제 슬
로브핫의 기업을 그의 딸들에게 주게
하셨은즉
3 그들이 만일 이스라엘 자손의 다른 지
파들의 남자들의 아내가 되면 그들의
기업은 우리 조상의 기업에서 떨어져
나가고 그들이 속할 그 지파의 기업에
첨가되리니 그러면 우리가 제비 뽑은
기업에서 떨어져 나갈 것이요
4 이스라엘 자손의 희년을 당하여 그 기
업이 그가 속한 지파에 첨가될 것이라
그런즉 그들의 기업은 우리 조상 지파
의 기업에서 아주 삭감되리이다
5 ●모세가 여호와의 말씀으로 이스라엘
자손에게 명령하여 이르되 요셉 자손

33

34

시집 간 여자의 유산

36

2

3

4

5 ●

지파의 말이 옳도다
6 슬로브핫의 딸들에게 대한 여호와의
명령이 이러하니라 이르시되 슬로브핫
의 딸들은 마음대로 시집가려니와 오
직 그 조상 지파의 종족에게로만 시집
갈지니
7 그리하면 이스라엘 자손의 기업이 이
지파에서 저 지파로 옮기지 않고 이스
라엘 자손이 다 각기 조상 지파의 기업
을 지킬 것이니라 하셨나니
8 이스라엘 자손의 지파 중 그 기업을 이
은 딸들은 모두 자기 조상 지파의 종족
되는 사람의 아내가 될 것이라 그리하
면 이스라엘 자손이 각기 조상의 기업
을 보전하게 되어
9 그 기업이 이 지파에서 저 지파로 옮기
게 하지 아니하고 이스라엘 자손 지파
가 각각 자기 기업을 지키리라
10 ●슬로브핫의 딸들이 여호와께서 모세
에게 명령하신 대로 행하니라
11 슬로브핫의 딸 말라와 디르사와 호글
라와 밀가와 노아가 다 그들의 숙부의
아들들의 아내가 되니라
12 그들이 요셉의 아들 므낫세 자손의 종
족 사람의 아내가 되었으므로 그들의
종족 지파에 그들의 기업이 남아 있었
더라
13 ●이는 여리고 맞은편 요단 가 모압 평
지에서 여호와께서 모세를 통하여 이
스라엘 자손에게 명령하신 계명과 규
례니라

6

7

8

9

10 ●

11

12

13 ●

MEMO

MEMO

MEMO

MEMO

아가페 필사&쓰기 전용펜

필사&쓰기성경®에 왜 전용펜을 사용해야 할까요?

1. 잉크의 뭉침이 없는 깨끗한 필기감
2. 쓸수록 종이가 부푸는 현상 방지
3. 종이끼리 붙지 않아 오랫동안 보관 가능
4. 물기로 인한 글자 훼손 방지

일반용

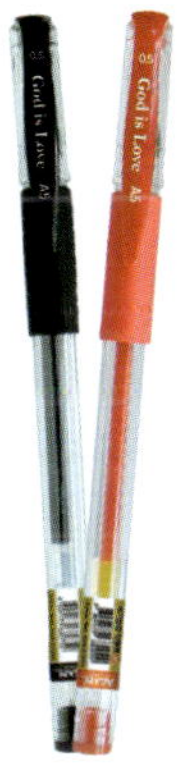

* 신약성경의 예수님 말씀은 빨간색 펜을 사용하세요.

일반 필사&쓰기성경 전용펜 A5 (검정/빨강) 값 900원

일반 필사&쓰기성경 전용펜 A5 (검정/빨강-1박스/12자루) 값 10,800원

중용량

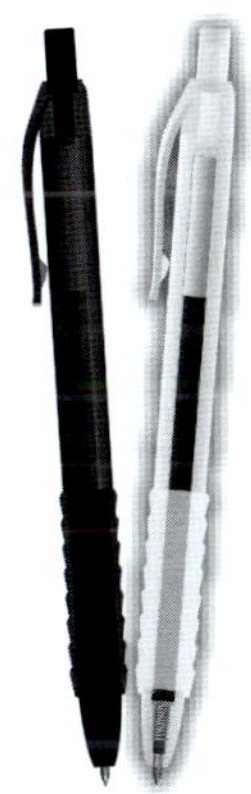

필사&쓰기 전용펜 (고급) (블랙/투명) 값 1,600원

필사&쓰기 전용펜 (고급) (블랙/투명-1박스/12자루) 값 19,200원

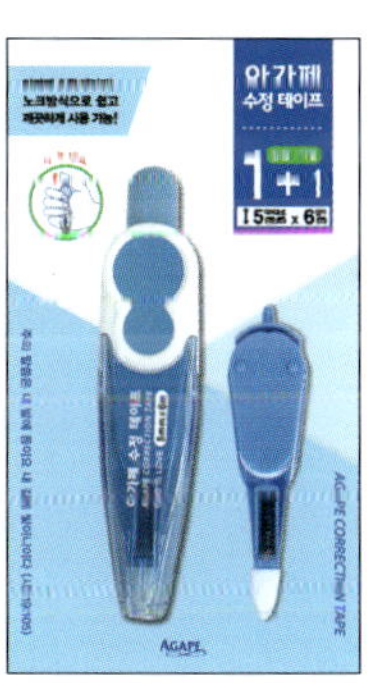

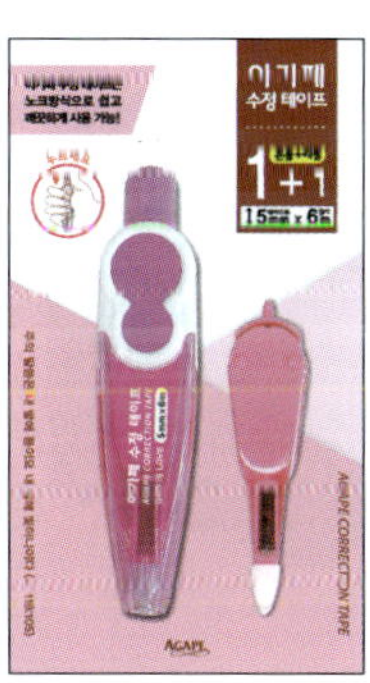

쓰기성경을 쓰다가 잘못 쓴 글씨는 수정 테이프를 사용하세요.

아가페 수정 테이프 (본품+리필) (블루/핑크) 값 3,500원

본문이 있는 채움 쓰기성경® 스탠다드 중 낱권

낱권으로 되어 있어 휴대성이 좋고 간편한 쓰기성경®

구분	책명	가격
모세오경	창 세 기	정가 8,000원
	출애굽기	정가 7,000원
	레 위 기	정가 7,000원
	민 수 기	정가 7,000원
	신 명 기	정가 7,000원
	세트 (할인가)	정가 32,000원
역사서	여호수아 · 사사기 · 룻기	정가 9,000원
	사무엘상 · 하	정가 9,500원
	열왕기상 · 하	정가 9,500원
	역대상 · 하	정가 10,000원
	에스라 · 느헤미야 · 에스더	정가 7,000원
	세트 (할인가)	정가 40,000원
시가서	욥 기	정가 8,000원
	시 편	정가 12,000원
	잠언 · 전도서 · 아가	정가 8,000원
	세트 (할인가)	정가 25,000원

구분	책명	가격
예언서	이사야	정가 9,000원
	예레미야 · 예레미야애가	정가 10,000원
	에스겔 · 다니엘	정가 10,000원
	호세아~말라기	정가 8,000원
	세트 (할인가)	정가 33,000원
사복음서	마태복음	정가 8,500원
	마가복음	정가 8,000원
	누가복음	정가 8,500원
	요한복음	정가 8,500원
	세트 (할인가)	정가 28,500원
사도행전 ~ 요한계시록	사도행전	정가 8,500원
	로마서 · 고린도전후서	정가 9,000원
	갈라디아서~히브리서	정가 9,000원
	야고보서~요한계시록	정가 8,500원
	세트 (할인가)	정가 30,000원

※ 인터넷 서점 및 전국 기독교 서점에서 구매하실 수 있습니다.